CLAIRE PIHAN

LIVRE À L'USAGE DE CEUX QUI N'EN PEUVENT PLUS
(OU VEULENT ÉVITER D'EN ARRIVER LÀ)

© 2020 Claire Pihan

Éditeur : BoD-Books on Demand
12-14 rond-point des Champs-Élysées, 75008 Paris
Impression : Books on Demand, Norderstedt, Allemagne

ISBN : 978-2-3222-2222-3
Dépôt légal : janvier 2021

Aux patients qui m'ont inspiré ce livre.

À vous, qui, peut-être, vous y reconnaîtrez.

Mais… Qu'est-ce qui m'arrive ?

Je m'appelle Emma. Et je suis en arrêt. À l'arrêt.

Je suis vendeuse dans un magasin de chaussures et lundi dernier, quand je suis arrivée sur le parking du centre commercial où je travaille, je n'ai pas pu sortir de ma voiture. Une grosse boule dans la gorge, du mal à respirer et dans ma tête comme un grand vide, mon corps n'a rien voulu savoir. J'ai l'impression que tout s'est arrêté d'un coup.

J'ai réussi à prévenir ma collègue Stéphanie qui faisait l'ouverture ce matin-là, et à appeler mon mari qui est venu me chercher :
« Ben alors, qu'est-ce qui t'arrive ?
— Je ne sais pas, je ne comprends pas. »

Il m'a déposée chez mon médecin avant de partir au boulot, forcément avec tout ça il était en retard.

J'ai expliqué à mon médecin ce qui s'est passé ce matin et il m'a dit : « Ce que vous me décrivez ressemble à un burn-out » et il m'a arrêtée… Trois semaines !

— Trois semaines, vous êtes sûr ? Je ne peux pas… Les soldes commencent mercredi !

— Vous savez, c'est sérieux, ce qui vous arrive, d'ailleurs, depuis combien de temps ça va mal ?

— C'est difficile avec ma chef, mais à ce point…

En y réfléchissant, ça fait un moment que j'ai la boule au ventre et que je dors moins bien…

— Je vous prescris un somnifère et un tranquillisant, on se revoit avant la fin de votre arrêt. »

Je sors du cabinet médical en me demandant comment je vais annoncer à ma responsable que je suis en arrêt. Et Stéphanie ? Comment elle va faire toute seule pour les soldes ?

Je suis pleine d'incompréhension et rongée par la culpabilité : comment c'est possible ? Je ne peux pas les laisser tomber dans un moment pareil…

À la fin de la consultation, mon médecin m'a glissé une carte de visite et m'a conseillé de prendre rendez-vous avec quelqu'un pour me faire aider. Il me l'a chaudement recommandée, mais aller voir une psy ?...

Je rentre chez moi et je suis perdue. Figée. Ma tête incapable de penser à autre chose que : « Je les laisse tomber, au pire moment, ça ne se fait pas… » J'essaie de me changer les idées : puisque je suis à la maison, je pourrais ranger un peu, ou faire un gâteau pour les enfants quand ils rentreront de l'école ? J'essaie de me motiver mais rien n'y fait. Je n'arrive à rien. Mais qu'est-ce qui m'arrive ? Un burn-out ? Mais comment j'ai pu en arriver là ?

Je suis assise sur une chaise de la cuisine depuis un temps indéfini, immobile, arrêtée, quand mon téléphone sonne. C'est Stéphanie qui m'appelle pendant sa pause déjeuner pour prendre des nouvelles. Quand je lui parle de ce que mon médecin m'a dit, elle me répond : « Ça ne m'étonne pas, ça faisait longtemps que je me demandais comment tu faisais pour tenir… Prends soin de toi, on va se débrouiller. »

Stéphanie est adorable, heureusement qu'elle était là ces derniers temps, mais, pourquoi m'a-t-elle dit ça ? Qu'avait-elle remarqué que moi je n'ai pas vu ?

Je me sens épuisée, je n'ai pas faim, la seule chose dont je rêve c'est de pouvoir dormir. Mais ma tête est envahie de questions et la culpabilité prend toute la place. Un burn-out ? Pour une vendeuse de chaussures ?

J'ai dû sombrer malgré tout dans un demi-sommeil et je suis réveillée par les enfants qui rentrent de l'école. On n'habite pas loin du collège et ils rentrent à pied : « Ah maman t'es là ? Mais comment ça se fait ? T'as racheté du chocolat pour le goûter ? »

Et mince, d'habitude je fais les courses sur l'heure de midi et je passe les déposer à la maison avant de retourner au travail. J'aurais dû me souvenir qu'il fallait du chocolat…

Les enfants sont contrariés, et ça rajoute à mon sentiment d'échec celui de ne pas être une bonne maman… J'essaie de prendre du recul mais rien n'empêche ces pensées négatives de prendre toute la place.

Quand mon mari rentre, tard, je lui explique ce qui m'arrive et je vois qu'il ne comprend pas : « C'est rien, ça va passer… Trois semaines dis donc, il y est pas allé de main morte ! Et pour ce week-end, ça va aller ? »

Ah oui ce week-end, c'est l'anniversaire de Jérôme (mon mari), il fête ses quarante ans et a invité une trentaine de copains à la maison. Je n'y pensais plus. Je suis bien loin d'avoir envie de faire la fête.

La nuit arrive, et avec elle son flot d'interrogations et de remise en question : qu'est-ce que j'ai fait pour en arriver là ? Je suis rongée par un sentiment d'échec dont je n'arrive pas à me défaire. Pas sûr que j'arrive à me dépatouiller seule de ces pensées négatives qui m'assaillent. Et puis, ce n'est pas du côté de Jérôme que je peux attendre du soutien…

Je n'ai quasiment pas fermé l'œil, et la perspective d'une nouvelle journée seule à la maison ne me réjouit guère. Et en même temps, je n'ai aucune énergie pour quoi que ce soit…

Quelques jours sombres passent. Je ne me reconnais pas, je n'arrive à rien, impossible de me concentrer sur la moindre tâche, j'ai l'impression de ne plus être que l'ombre de moi-même. Pourtant, j'en ai traversé, des épreuves, je pensais être plus forte…

Ça fait presque une semaine que je suis arrêtée. Je pensais qu'en me reposant ça irait mieux, mais je reste envahie par le travail, j'ai énormément de mal à penser à autre chose et à profiter du présent. La soirée d'anniversaire de Jérôme a eu lieu samedi soir, mais j'étais comme absente. Je n'ai pas réussi à me libérer de mes préoccupations pour partager ce moment avec nos amis. Quand je suis seule c'est encore pire, je ne pense qu'à ça, et ça tourne en boucle.

Et puis, un matin, en me réveillant, je repense à cette carte que mon médecin m'a donnée. Peut-être bien que je pourrais appeler pour prendre rendez-vous ? J'ai bien l'impression que je ne vais pas m'en sortir seule.

Je m'arme de courage, et le cœur battant, je passe ce coup de fil. Ça y est, c'est fait ! J'ai rendez-vous dans trois jours. Je me sens soulagée, tout en continuant à me demander si c'est vraiment justifié de faire appel à quelqu'un pour ça. Bon, c'est fait, je n'ai pas grand-chose à perdre de toute façon.

À la maison tout me pèse, les enfants qui n'écoutent pas, Jérôme qui rentre tard et semble penser que je suis en vacances. Je me sens irritable, je ne supporte plus rien. Et puis, je n'ose pas sortir de chez moi, j'ai peur de rencontrer des connaissances et qu'on me demande ce qui m'arrive. Je me sens coupable et j'ai honte.

Arrive le matin où j'ai rendez-vous. Je n'ai quasiment pas dormi. Comment ça va se passer ? Et si elle me juge ? Je me sens déjà tellement honteuse. J'ai le ventre noué, la gorge serrée, et dans ma tête un tourbillon de questions…

Je crois que j'ai besoin d'aide

J'arrive chez la psy. Une affichette me propose de patienter dans la salle d'attente. Ça va peut-être me laisser le temps de reprendre mes esprits. Pendant tout le trajet je me suis sentie absente de moi-même, toute à réfléchir à la manière dont j'allais présenter les choses.

La salle d'attente est lumineuse et douce, et sur une étagère se trouve une collection de livres sur le développement personnel, romans ou livres plus théoriques. Peut-être une autre fois les feuilletterai-je, mais là j'en suis incapable.

J'entends une porte s'ouvrir, sans doute le patient précédent qui en a terminé, ça va être à moi…

Elle s'avance vers moi et m'accueille avec douceur et bienveillance :

« Alors, qu'est-ce qui vous amène me voir ?

Je ne sais par où commencer, je suis en pleine émotion, et tout se mélange, alors je raconte en vrac, en désordre, le travail, les nuits sans sommeil, ma chef, la boule au ventre, les soldes que je n'ai pas assurées, le sentiment d'échec…

— Qu'est-ce que vous ressentez comme émotion, là, en me racontant tout ça ?

— Je me sens coupable, j'ai honte, je suis triste, j'ai peur de pas être capable d'y retourner, j'ai l'impression d'avoir perdu toute confiance en moi. Je suis complètement perdue.

— Oui je vois que vous êtes perdue. Pouvez-vous me raconter le travail ?

Et je raconte : Elsa (ma chef), ses brimades, les humiliations devant les clients, la pression quotidienne quand je ne remplis pas mes objectifs, la fermeture qui est toujours pour moi, mes jours de repos sans cesse déplacés, le sentiment d'injustice, de faire mon maximum et que malgré ça ça ne va jamais. C'est sorti tout seul, comme si c'était accumulé là depuis si longtemps qu'il fallait que je le dise.

— Qu'est-ce que vous ressentez comme émotion, là, en me racontant tout ça ?

— Je crois que je lui en veux.

— Je vois. Seriez-vous d'accord qu'on s'occupe de ça ?

— Oui, je veux bien. »

Je sors du cabinet. Je me sens soulagée, libérée d'avoir vidé mon sac et rassurée d'avoir été écoutée sans me sentir jugée. Je la revois dans dix jours et elle m'a proposé un exercice. Elle m'a demandé tous les jours de prendre un moment pour écrire la colère que je ressens. Ça me paraît bizarre, je ne sais pas trop si je vais y arriver. « Commencez dès aujourd'hui », m'a-t-elle suggéré.

Je prends le temps de marcher un peu là dans le parc qui jouxte le cabinet. C'est comme si le fait d'avoir déposé tout ça me permettait de respirer un peu mieux.

Tout m'énerve

De retour chez moi, j'ouvre à peine la porte que je me sens contrariée, Jérôme a une nouvelle fois laissé son sac de sport en plein milieu du salon. C'est un sujet récurrent de tensions entre nous, le fait qu'il laisse traîner ses affaires. J'ai l'impression pourtant d'en avoir parlé mille fois, et rien ne change. Je le range dans son armoire, au moins là je ne le verrai plus ! Mais ça ne m'empêche pas pour autant de ruminer : « Comment ça se fait qu'il ne comprenne pas ça ? C'est quand même pas si compliqué de ranger son sac dans son armoire, j'en ai marre… » Je me sens incomprise et ça me pèse.

Alors je prends une feuille vierge et commence à écrire, toutes ces petites choses du quotidien qui m'énervent et me pèsent : Jérôme qui ne m'écoute pas quand je lui parle, les enfants qui ne font pas ce que je leur demande, Elsa au travail qui me prend de haut, ces clientes odieuses qui se sentent supérieures, ces autres qui vous font sortir dix paires pour au final ne rien acheter, Sophia une de mes meilleures amies qui devait passer me voir hier et qui a annulé parce qu'elle avait *un empêchement*... Les mots sortent tout seuls, et au fur et à mesure qu'ils se couchent sur le papier je me sens m'apaiser. C'est comme si le fait de voir se matérialiser les raisons de mon mal-être le rendait plus concret, plus objectif.

Chaque jour je me plie à cette tâche : me rendre attentive à ce qui m'irrite, me contrarie, et le mettre par écrit. J'ai parfois l'impression d'être ridicule, d'être une gamine qui se plaint, qui s'énerve pour un rien. Mais elle m'a demandé de m'exprimer sans censure, de dire avec mes mots à moi tout ce que j'ai sur le cœur, alors je le fais. Je formule aussi la colère contre moi-même de pas être à la hauteur, la culpabilité d'avoir laissé tomber Stéphanie juste avant les soldes, l'impression d'être une mauvaise maman qui oublie le chocolat, s'énerve et crie pour un rien...

Ça me fait du bien, j'ai l'impression que ce travail me permet d'y voir un peu plus clair. Je me rends compte aussi que c'est plus ou moins toujours la même chose que j'écris, les mêmes situations qui déclenchent ma colère. Mais est-ce que c'est normal d'être tout le temps aussi énervée ? Jérôme passe son temps à me dire que je suis trop exigeante et que c'est pas la peine de me mettre dans des états pareils pour des broutilles, et quand il me dit ça, je me sens encore plus en colère !

J'ai hâte de revoir la psy et de lui demander son avis : c'est quoi mon problème ? Qu'est-ce que je dois faire ?

Ah, c'est pour ça que je suis en colère !...

La thérapeute m'a demandé de lui ramener mes notes sur ma colère. Je m'excuse presque d'avoir écrit tout ça : « Je me suis rendu compte que je m'énerve vraiment pour rien. Je pense que j'attends trop des autres, mon mari a sans doute raison quand il dit que je suis trop exigeante. »

Elle me remercie et me félicite pour ce que j'ai eu le courage de formuler par écrit, puis m'explique comment les émotions fonctionnent. Tout d'abord, que quand les émotions arrivent on n'y peut rien, que c'est comme ça et qu'on n'a pas la main. Et puis que la colère est toujours en lien avec nos valeurs. Qu'on ne ressent jamais de la colère sans raison, mais parce que nos valeurs sont mises à mal. Elle me propose alors de reprendre ce que j'ai écrit et d'explorer les valeurs qui sont touchées dans les différentes situations que j'ai relatées.

Elle m'aide à mettre en lumière les valeurs de respect (quand je vois le sac de Jérôme dans le salon et que je me dis mais c'est pas possible, je suis pas la boniche !), de justice (pourquoi c'est tout le temps moi qui fais la fermeture au magasin ?), d'amitié et de confiance (quand Sophia annule notre rencontre pour *un empêchement*), d'honnêteté aussi.

C'est comme si le fait d'évoquer les valeurs apportait un éclairage nouveau sur ma manière de réagir, comme si ça devenait plus légitime : j'en ai, des raisons d'être en colère ! Ça fait vraiment du bien d'entendre que c'est normal de ressentir de la colère dans ces situations, je me sens soulagée.

Je sors de cette deuxième séance avec pour missions de continuer à écrire ma colère chaque jour, quelle qu'en soit l'intensité, et de me questionner sur les valeurs auxquelles elle est liée. Irritée, contrariée, agacée, énervée, en colère, hors de moi, dans la rage ou la fureur, tous ces termes parlent de la colère, à des intensités différentes. La thérapeute m'a incitée à écrire même les « petites » colères, pour m'entraîner à identifier les valeurs qui sont touchées dans chaque situation. Et à continuer à explorer aussi la colère que j'ai contre moi-même.

Alors je prends ce moment, chaque jour, pour écrire ce qui me déplaît, m'agace ou me révolte. J'en ai marre des enfants qui n'écoutent pas, ça m'énerve que Jérôme rentre si tard du travail et qu'il ait l'air de penser que je suis en vacances, j'en ai assez de ranger pour tout le monde et que chacun n'y mette pas du sien, ça me contrarie que Jérôme m'ait à peine remerciée pour mon investissement dans l'organisation de son anniversaire. Ça m'agace les gens qui jugent sans savoir, comme ma voisine qui m'a reproché d'être à la maison et me traite limite de tire-au-flanc.

Quand je repense au travail aussi j'ai de la colère, et c'est comme si tout ce que j'avais tenté d'enfouir était en train de ressortir : l'attitude d'Elsa vis-à-vis de Jenny notre apprentie me révolte, elle lui manque de respect, ne se gênant pas pour faire des remarques devant les clientes. Jenny n'a pas tellement de répartie et se laisse faire, je m'en veux aussi de ne pas avoir pris sa défense, ça me fait mal au cœur de voir ça.

À chaque erreur de caisse ou de stock, Elsa cherche à me faire porter le chapeau, même quand il est évident que l'erreur vient d'elle. Elle est incapable d'assumer les conséquences de ses actes. Au magasin, nous avons une cliente particulièrement exigeante qui souvent revient pour des réclamations : quand elle la voit franchir le seuil du magasin elle s'éclipse, me laissant gérer seule, alors que... C'est elle la responsable !! Et quasiment chaque fois, elle me reproche les décisions que j'ai prises : si j'ai accepté de reprendre les chaussures elle s'offusque en me disant que ce n'est pas comme ça qu'on atteindra notre chiffre, et si j'ai refusé une réclamation, elle s'énerve aussi en me disant : « Faudra pas s'étonner qu'on perde cette cliente vu la manière dont tu lui as répondu ! » J'ai l'impression que quoi que je fasse, ça ne va jamais. J'avoue que j'en ai marre et que je suis découragée. Je doute de moi et me demande si je suis vraiment faite pour ce métier.

En tout cas, à chaque fois que je pense à la reprise du travail, j'ai la boule au ventre, ma poitrine se serre, et dans ma tête une question élude toutes les autres : « Comment je vais faire pour y arriver ? »

Déjà presque trois semaines d'arrêt, c'est l'heure de retourner voir mon médecin et je suis en panique : « S'il me dit de reprendre la semaine prochaine, comment je vais faire ? Je ne m'en sens pas du tout capable… Il va peut-être se dire que j'exagère, que j'abuse du système… » Dans la salle d'attente mon cœur bat la chamade et j'ai les jambes en coton… Mais tout de suite mon médecin me rassure : « Je crois qu'il va vous falloir plus de temps, je vois que c'est beaucoup trop tôt pour penser à la reprise. Il faut du temps pour se relever et se reconstruire ; je vous prolongerai le temps qu'il faudra. » Je suis soulagée de ne pas avoir eu à argumenter et à négocier cette prolongation, ça me déculpabilise aussi que mon médecin ait pris la décision de rallonger mon arrêt. Je dispose pour l'instant de trois semaines supplémentaires pour essayer de remonter la pente.

J'ai l'impression d'avoir tout essayé…

Je suis contente de retourner chez la psy aujourd'hui. Je lui ramène mes écrits et les valeurs que j'ai essayé de mettre en lumière, les situations pour lesquelles ça a été plus difficile aussi.

« Je me suis rendu compte qu'une des choses qui m'énerve le plus à la maison, c'est que les enfants ne rangent pas leurs affaires, et qu'ils ne mettent pas leur linge sale à laver. Je n'en peux plus de passer dans les chambres et de ramasser les chaussettes et T-shirts sales pour les laver !
— Votre colère, elle est contre qui ?
— Ben, contre mes enfants !
— Oui, bien sûr ! Quelles valeurs vient mettre à mal leur comportement de laisser traîner leurs affaires ?
— Ben je sais pas trop, j'ai l'impression d'avoir tout essayé, en me fâchant, en menaçant, en demandant gentiment, mais rien n'y fait je

n'arrive pas à me faire obéir et j'ai l'impression d'être la boniche…

— Alors, de quelles valeurs parle votre colère ?

— Je trouve que c'est pas juste, pas respectueux, que ça manque de solidarité. Ils sont grands quand même mes enfants : Bastien est en quatrième et Judith en sixième, j'aimerais qu'ils grandissent un peu !

— Oui, j'entends les valeurs de justice, de respect, de solidarité. Quand vous me dites que vous aimeriez qu'ils grandissent un peu, de quoi est-ce que vous aimeriez qu'ils fassent preuve ?

— D'autonomie, et qu'ils prennent un peu leurs responsabilités !

— Oui : autonomie, sens des responsabilités. En effet ce sont des valeurs que souvent, en tant que parent, on souhaite transmettre et apprendre à nos enfants.

Contre qui d'autre êtes-vous en colère ?

— Contre mon mari !

— Pour quelles raisons ?

— Il ne me soutient pas du tout quand je me fâche et est le premier à ne pas montrer l'exemple : il laisse en permanence traîner son sac de sport et ça m'énerve, parfois j'ai l'impression d'avoir trois enfants à la maison.

Quand je râle, il me renvoie toujours que je suis trop maniaque, et que tout ça c'est pas bien grave, ah, ça m'énerve !

— Quelles sont les valeurs dont vous aimeriez que votre mari fasse preuve dans cette situation ?

— De respect, d'exemplarité, d'autonomie lui aussi !

— Et quand vous dites que vous êtes mécontente, que ça ne vous convient pas, qu'attendez-vous de lui ?

— Un peu de bienveillance, de l'empathie, de la reconnaissance aussi pour tout ce que je fais à la maison.

— D'accord. Contre qui d'autre êtes-vous en colère ?

— Mes enfants, mon mari, c'est déjà pas mal !

— Oui, contre qui d'autre ?

— Je ne sais pas… Contre moi ?

— Elle est en lien avec quoi, cette colère contre vous ?

— Avec le fait que j'y arrive pas, à me faire entendre et respecter.

— Oui je vois, souvent ce qu'on ressent dans ces situations est un sentiment d'impuissance : j'ai l'impression d'avoir tout essayé et rien ne marche.

— Oui, c'est tout à fait ça, je me sens complètement impuissante.

— Bien. Tout ceci nous permet de voir que dans une situation donnée, il peut y avoir plusieurs composantes à la colère : ici contre les enfants (respect, justice, autonomie, responsabilité), contre votre mari (soutien, exemplarité, autonomie, bienveillance, empathie) et contre vous-même (en lien avec votre sentiment d'impuissance).

Dites-moi Emma, est-ce que vous êtes d'accord avec le fait de ramasser leur linge sale et de ranger leurs affaires ?

— Mais non, j'aimerais qu'ils le fassent eux-mêmes !

— Qu'est-ce que ça a comme conséquence pour vous de le faire à leur place ?

— J'ai parfois l'impression de ne pas me respecter moi-même... Oui, c'est ça !

— C'est vrai, vous avez raison. Parfois, ce que nous faisons nous place dans une situation où nous sommes en conflit avec nos propres valeurs : comment souhaiter être respectée par les autres alors que je ne me respecte pas moi-même ? Et ça, c'est quelque chose qui déclenche aussi de la colère contre nous-mêmes, car c'est comme si on allait à l'encontre de ce qu'on souhaite obtenir.

— Oui c'est vrai, mais je ne sais pas comment faire autrement…

— Êtes-vous d'accord qu'on revienne sur cet exemple de linge sale ?

— Oui.

— À votre avis, du point de vue de vos enfants, ou de votre mari, qu'a-t-on comme chance que les choses bougent ?

— Je ne sais pas…

— De leur point de vue, Bastien par exemple : « Je laisse traîner mes affaires de foot sales, maman râle mais s'en occupe pour les matchs du samedi. » Qu'y a-t-il comme conséquence pour Bastien à ne pas mettre au sale sa tenue de foot ?

— Aucune…

— C'est comment pour vous de me dire ça ?

— Eh bien, je prends conscience en effet que rien ne peut bouger si je continue à faire les choses à leur place !

— Oui, quoi d'autre ?

— Que c'est pas comme ça qu'ils risquent de devenir autonomes…

— Oui, c'est tout à fait ça, vous voyez ? Je souhaite qu'ils deviennent autonomes et par mon comportement, d'une certaine manière, j'empêche cette évolution vers l'autonomie.

— Oui je vois, mais alors que dois-je faire ? Arrêter de laver leurs affaires ? Je ne sais pas si j'en suis capable…

— Et, dans le même temps, vous m'avez dit je n'en peux plus, j'interprète leur laisser-aller comme un manque de respect. Vous vous êtes rendu compte que l'attitude que vous adoptez vous place en conflit avec votre propre valeur de respect de vous-même, et que vous ressentez aussi un intense sentiment d'impuissance face à cette situation.

— Oui, c'est vrai.

Et s'il fallait s'y prendre autrement ?

— Reprenons Emma, quel est votre objectif ? Quelles sont les valeurs que vous souhaitez développer chez vos enfants ?
— Je voudrais qu'ils se sentent plus concernés, qu'ils deviennent plus autonomes et qu'ils apprennent à assumer les conséquences de leurs actes.
— À votre avis, qu'est-ce qui est nécessaire pour faire l'expérience d'assumer les conséquences de ses actes ?
— Que nos actes aient des conséquences ?
— Oui, tout à fait !! Alors, quelles conséquences pourrait-on imaginer au fait de ne pas avoir mis ses vêtements dans le bac à linge sale ?
— Qu'ils ne soient pas lavés ?
— Oui, c'est ça !
— Je suis pas sûre de me sentir prête à ça…
— Ce qui est important pour réussir, c'est d'avoir bien en tête tout ce qui est en jeu dans ce changement de fonctionnement.

Sinon, en effet, je peux culpabiliser, me dire que j'exagère de me focaliser sur des détails, ce que ne manqueront pas de me renvoyer mes enfants et mon mari. Ce qui risque de rendre ma position difficile à tenir, surtout en cette période où je doute de moi et remets en question mon aptitude à être une bonne maman.

Si je décide de modifier mon comportement dans cette situation, c'est d'abord parce qu'elle ne me convient pas (je trouve ça injuste et irrespectueux), et aussi parce que je veux apprendre à mes enfants à devenir des adultes autonomes et responsables, prêts à assumer les conséquences de leurs actes.

— Oui, vu comme ça, ça me paraît plus facile d'essayer sans me sentir coupable. Mais, comment je m'y prends ?

— Je pense que ce qui est important, c'est que ça soit posé de manière transparente, afin d'éviter que vos enfants ou votre mari se sentent piégés et vous en veuillent. Vous pouvez présenter les choses de manière très simple, comme nous venons de les exposer là. Réunir la famille et dire que ce qui se passe avec le linge à la maison ne vous convient pas (vous pouvez parler de justice et de respect), qu'à partir d'aujourd'hui vous

attendez que chacun fasse preuve de plus d'autonomie, et que vous avez décidé, en lien avec cet objectif, de ne laver à partir de maintenant que le linge qui aura été mis au sale. Assurez-vous que chacun a bien compris ce que vous venez de dire, et tenez-vous-en strictement à ce que vous avez annoncé, sous peine de perdre toute crédibilité. Qu'est-ce que vous en pensez ?
— Les choses sont plus claires pour moi maintenant. De toute façon, là, c'est une question de survie, je ne risque pas grand-chose à essayer !
— Bien, Emma. Est-ce que je peux vous proposer cette expérience d'ici la prochaine fois ?
— Oui c'est d'accord, je vais essayer !
— Je vais vous inviter à observer ce qui va se passer, et comment les choses vont bouger quand vous aurez mis en place le changement. Comme ça, vous pourrez me raconter ! »

Je rentre chez moi avec un regard nouveau sur la situation : je suis à la fois inquiète et curieuse de cette tâche que la psy m'a proposée. Inquiète de la réaction de Jérôme et des enfants, et impatiente aussi de pouvoir observer ce que ça va changer. De toute façon je n'en peux plus, il faut que ça bouge ! Et puis, le fait de m'être connectée aux valeurs qui sous-tendent mon repositionnement me fait me sentir plus sûre de moi : si je décide ça, ce n'est pas par égoïsme, mais pour développer chez mes enfants des valeurs importantes d'autonomie et de sens des responsabilités qu'en tant que maman je veux leur transmettre !

Alors, le soir même, je tiens un conseil de famille en expliquant qu'à partir de maintenant, je ne laverai plus que le linge qui aura été mis au sale, et que je ne m'occuperai plus du reste. Je leur demande à tous les trois s'ils ont bien entendu et bien compris. Judith me dit OK, Bastien me regarde l'air étonné : « Tiens y'a quelque chose qui est différent chez maman ». Quant à Jérôme, je perçois sur son visage un sourire mi-amusé mi-dubitatif qui ne me plaît guère. Mais bon, c'est dit, y'a plus qu'à être ferme, tenir ma position, et observer ce qui va se passer.

À la maison la vie continue et je remarque que Bastien a laissé sa tenue de foot sale dans son sac après le match de samedi, que les chaussettes de Jérôme s'entassent dans un coin de la salle de bains. Judith elle joue le jeu et dépose régulièrement ses habits à laver dans le bac à linge. Ce n'est pas très confortable pour moi, voir les chaussettes sales là dans la salle de bains m'énerve ! Je me rends compte de mon envie presque réflexe de ramasser tout ça pour le laver mais je tiens bon, la psy me l'a bien dit, le changement ne peut venir que de moi, c'est à moi de faire bouger les choses.

La semaine passe et le samedi suivant, Bastien déboule dans la cuisine très fâché :

« Maman ma tenue de foot est sale, ça pue !

Je ne peux retenir un petit sourire intérieur et repense à ce que la psy m'a dit : pour apprendre à assumer les conséquences de nos actes, il faut que nos actes aient des conséquences !

— Je comprends que tu sois contrarié mon grand, mais souviens-toi de la discussion que nous avons eue le week-end dernier au sujet des habits à laver.

— Oui c'est bon, je m'en souviens, mais ça craint quand même ! »

De mauvaise grâce il part au foot avec sa tenue sale. Et je sens le regard lourd de reproches de Jérôme peser sur moi. L'ambiance est un peu tendue ce matin à la maison, je vois bien que Jérôme n'approuve pas ce que j'ai décidé de mettre en place. Et que, voyant que j'ai mis à exécution ce que j'avais annoncé, il commence aussi à me prendre un peu plus au sérieux.

Quand Bastien rentre du foot il vide tout de suite son sac et dépose sa tenue sale près de la machine : bien ! On dirait que le message est passé ! Je me réjouis de cette petite victoire, tout en me demandant si ça va durer.

Je me rends compte, en étant attentive à mon quotidien et à mes actes, de tous ces moments où je fais à la place des autres : débarrasser la table du petit-déjeuner quand ça n'a pas été fait, vider le lave-vaisselle quand je le vois plein, alors qu'il y a à la maison un planning des petites tâches ménagères et que les enfants doivent s'en occuper à tour de rôle… Oui bien sûr, si je le fais il n'y a aucune raison pour qu'ils le fassent eux… Je contribue moi-même à mon sentiment d'injustice ménagère, je l'entretiens ! C'est un peu dur pour moi de prendre conscience de ça, est-ce que j'ai vraiment tout faux sur toute la ligne ? Je réalise que ça dépasse largement le cadre de la maison, en fait j'ai l'impression d'avoir tout le temps fonctionné comme ça…

Avec Sabine ma sœur par exemple qui est venue dimanche manger à la maison avec sa famille. Elle m'avait proposé d'amener le dessert et en fin de matinée elle m'a envoyé un message : « Désolée, panne de réveil, pas eu le temps de m'occuper du dessert. » Je me suis mise dans tous mes états pour préparer en urgence un gâteau. J'ai rattrapé le coup, une nouvelle fois. Je lui en veux de ne pas tenir ses engagements, je ne peux pas compter sur elle et ça me pèse.

Dans mes relations amicales, c'est la même chose.

Au travail aussi, à chaque fois qu'Elsa se trompe ou oublie des choses, je corrige ses erreurs et ses oublis.

J'en ai marre de passer pour la méchante

Je n'ai pas le moral, tout me pèse, je suis contente de voir ma psy aujourd'hui.
« Alors, qu'est-ce qui va mieux ?
— J'ai fait l'expérience du linge sale !
— Et, comment ça s'est passé ?
— Ça a été un peu dur pour moi de ne pas tomber dans mes vieux réflexes, mais j'ai tenu bon.
— Et alors ? Qu'avez-vous observé ?
— Qu'après être parti furieux à son match de foot avec sa tenue sale, Bastien dès son retour l'a mise à laver !
— Bien ! Je vous félicite d'avoir fait l'expérience de ce changement.
— Merci, mais je me rends compte que mon problème est très ancien et très ancré, j'ai l'impression d'avoir fonctionné comme ça toute ma vie, à sans cesse rattraper le coup pour les autres…
— Je comprends, c'est vrai que bien souvent notre manière de fonctionner et de nous

positionner par rapport aux autres s'ancre dans notre petite enfance, et qu'elle teinte toutes nos relations. C'est souvent douloureux de prendre conscience de ça. Et en même temps, cette prise de conscience est le préalable nécessaire à tout changement.

— Je vois, mais je me dis qu'il y a du boulot et que ça va être long… Et puis je me pose une question : comment puis-je à la fois me rendre compte que je fais beaucoup pour les autres et en même temps avoir l'impression de toujours passer pour la méchante ?

— De passer pour la méchante, qu'entendez-vous par là ?

— Je peux vous raconter ce qui s'est passé hier soir ? J'avais décidé de m'octroyer un petit moment pour moi et d'aller marcher avant le dîner. Quand je suis rentrée, Bastien était en train d'insulter Judith, qui le lui rendait bien d'ailleurs. Ça m'a mise hors de moi de les entendre se parler comme ça. Je suis montée, leur ai demandé d'arrêter, mais ils n'ont rien voulu entendre. N'arrivant pas à me faire obéir et à mettre fin à cette scène, j'ai fini par hurler et par les priver tous les deux de leur téléphone pendant une semaine. Leur colère s'est alors dirigée contre moi, ils ont crié à l'injustice, Judith me reprochant de ne pas avoir cherché à comprendre ce qui s'était passé et d'avoir pris une décision arbitraire, Bastien m'accusant : « De toute façon c'est toujours comme ça avec toi »…

— Qu'est-ce que vous ressentez en me racontant ça ?

— Je suis en colère.

— Oui ! Contre qui ?

— Contre eux ça c'est sûr !

— Oui, en lien avec quelles valeurs ?

— Respect, famille, respect de mon autorité aussi. J'ai trouvé ça injuste aussi, alors que pour une fois je m'offre un temps pour moi, d'avoir à gérer cette situation dès mon retour…

— Oui, quoi d'autre ?

— Je m'en veux d'avoir perdu mon sang-froid et de leur avoir hurlé dessus. D'ailleurs j'ai culpabilisé une bonne partie de la nuit, d'avoir été injuste. Et puis, ce que Bastien m'a dit tourne en boucle dans ma tête depuis hier soir.

— Oui je vois. J'aimerais peut-être d'abord vous parler des mots que Bastien vous a adressés. Qu'est-ce qui s'est passé en vous quand il vous a dit ça ?

— Je n'ai pas compris, c'est comme si j'avais pris un grand coup dans le ventre. Et je n'arrête pas de me demander pourquoi il m'a dit ça, j'essaie la plupart du temps d'être juste dans mes décisions, mais sans doute que je ne me rends pas compte de mon attitude…

Mais… Pourquoi il m'a dit ça ?

— Ce que Bastien vous a adressé est un reproche injustifié.
— Un reproche injustifié ?
— Oui, un reproche injustifié est un reproche qui vous met en cause vous en tant que personne, qui est généralisant, qui n'est pas basé sur des faits précis, et qui n'est pas tourné vers quelque chose de constructif. Vous voyez ? Il vous met en cause vous en tant que personne « avec toi », il est généralisant « c'est toujours comme ça », il n'est pas basé sur des faits précis et ne débouche sur rien de constructif.
— Ça c'est sûr. Mais, quand vous parlez de reproches injustifiés, est-ce que ça veut dire qu'il existe des reproches justifiés ?
— Oui, vous avez raison : un reproche justifié va concerner un fait précis, et va s'adresser à un comportement et non à vous en tant que personne, il va exposer les conséquences de votre comportement, et idéalement être orienté vers une

recherche de solution ou une demande de changement. Par exemple dans notre situation, Bastien aurait pu vous dire : « Maman, quand tu me punis comme ça sans avoir pris le temps de comprendre ce qui se passe entre Judith et moi, je ressens de la colère parce que je trouve ça injuste. J'aimerais que tu prennes le temps la prochaine fois d'essayer d'analyser la situation ». Vous percevez la différence ? Bastien parle du comportement que vous avez eu (me punir de manière arbitraire), des conséquences que ça a eues pour lui (je suis en colère parce que c'est pas juste), et de ce qu'il souhaite de votre part (prendre le temps d'analyser la situation).

— En effet, c'est très différent ! S'il m'avait formulé les choses comme ça j'aurais mieux compris et je me serais sentie moins remise en cause…

— Il est très important d'apprendre à identifier les reproches injustifiés. Ils sont souvent prononcés sous le coup de la colère et sont par définition injustifiés. Les reproches injustifiés non identifiés en tant que tels nous font courir deux risques : le premier c'est d'essayer de se justifier auprès de l'autre. Entreprise vaine, puisque le reproche n'est pas justifié et n'est basé sur rien de précis. Et le deuxième, vous en avez fait l'expérience cette nuit, c'est de tomber dans la remise en question de nous-mêmes : « Mais pourquoi est-ce qu'il m'a dit ça ? Qu'est-ce qu'il entend par *de toute façon avec toi c'est toujours pareil* ? J'essaie pourtant d'être la plus équitable possible dans les conflits entre les enfants... Il doit avoir raison, chuis nulle comme maman... »

— En effet, c'est tout à fait ça qui s'est passé, et j'en viens même à tout remettre en question...

— Oui je vois ça, les reproches injustifiés peuvent faire beaucoup de dégâts.

— Mais alors comment faire ?

— Il est important d'abord d'arriver à les identifier. Car un reproche injustifié ça ne se prend pas, et ça se désamorce.

— Ça ne se prend pas ? Ça se désamorce ? Mais comment ?

— En questionnant et en demandant des précisions, ce qui nécessite bien sûr de l'avoir au préalable bien identifié. Dans cette situation par exemple, en demandant à Bastien : « Sur quoi te bases-tu pour me dire ça ? De quoi parles-tu précisément ? »

Dans la mesure où le reproche injustifié est souvent prononcé sous le coup de la colère, et qu'il n'est pas basé sur des faits précis, votre interlocuteur sera le plus souvent démuni pour répondre à ces questions. Le reproche s'éteindra de lui-même, vous évitant bien des ruminations…

— Hum, je vois, il me semble qu'on m'en fait souvent…

— Serez-vous d'accord d'ici la prochaine fois de les identifier d'abord, et de les questionner afin de les désamorcer ?

— Oui, je veux bien essayer.

— Je vous demanderai aussi d'observer ce que ça change de ne plus les prendre.

— D'accord.

— Maintenant, revenons à l'épisode d'hier soir entre les enfants, vous voulez bien ?

— Oui.

J'en ai marre de passer pour la méchante (suite)

— Vous m'avez précisé qu'assister à cette scène a déclenché chez vous une grosse colère, en lien avec les valeurs de respect et de famille. Vous leur avez demandé d'arrêter et ils ont continué. Vous vous êtes sentie impuissante et, pour faire cesser l'altercation, vous avez eu recours à une punition. Ce que les enfants ont perçu comme injuste, et qui a sans doute été à l'origine du reproche injustifié de Bastien.
— Oui, c'est tout à fait ça.
— La punition est souvent prononcée sous le coup de la colère elle aussi, dans un moment où je n'arrive pas à m'en sortir, et pour faire cesser une situation. Le problème, c'est qu'elle est souvent inadaptée, et encore plus souvent perçue comme injuste par celui qui la reçoit, déclenchant sa colère à lui. Les enfants vous en veulent, essayent de négocier et vous font passer pour la méchante, ce qui peut vous amener à vous sentir coupable.

— Oui j'ai l'impression que c'est souvent le cas à la maison. D'ailleurs, Jérôme a tendance à me donner lui aussi le mauvais rôle, à remettre en cause mes décisions et à me décrédibiliser auprès des enfants.

— Sauriez-vous me donner quelques exemples des situations qui sont vraiment pénibles pour vous à la maison ?

— Quand les enfants s'insultent et se manquent de respect, quand ils n'assurent pas les tâches ménagères qui leur reviennent, quand ils me mentent.

— OK, de quelles valeurs est-ce que ça parle ?

— De respect, d'équité, de responsabilité, d'entraide, de solidarité, d'honnêteté, de confiance.

— Pour tout ce qui concerne les valeurs non négociables à la maison, un des moyens de sortir de cette position de gendarme ou de méchante est l'externalisation de la règle.

— L'externalisation de la règle ?

— Oui, l'idée est d'établir une liste de règles non négociables en lien avec les valeurs majeures que vous souhaitez voir respectées à la maison, et de prévoir pour chaque règle une sanction à appliquer en cas de manquement.

L'objectif est de créer en dehors de vous une entité « règles à respecter » assortie de mesures de sanctions prédéterminées et connues de tous.

L'intérêt majeur de cette externalisation est de responsabiliser l'autre, qui sait désormais ce que vous attendez de lui, et qui sait à quoi il s'expose en cas de manquement à ces attentes. Vous lui donnez alors la liberté de respecter ou d'enfreindre la règle, et vous lui permettez de faire l'expérience de prendre ses responsabilités et d'assumer les conséquences de ses actes. En cas de sanction, il pourra être en colère, mais cette colère sera contre lui-même et plus contre vous !

Plus les règles et les sanctions sont précises, moins vous avez besoin d'avoir recours à la punition. Vous pouvez sortir de votre rôle de méchante.

— Oui, je pense que ça peut être vraiment intéressant de mettre ça en place. Mais je ne sais pas trop ce que je vais pouvoir trouver comme sanctions…

— C'est vrai, établir les sanctions demande une vraie réflexion. La sanction doit être individuelle, proportionnelle et adaptée à la gravité du manquement. Elle peut être matérielle (par exemple, retrait de téléphone pour une durée donnée), ou comportementale (demander pardon par exemple).

Ce que je vais vous proposer si vous êtes d'accord, c'est pendant quelques jours d'être attentive à ce qui se passe à la maison et qui concerne des comportements en lien avec les valeurs essentielles que vous souhaitez voir respectées.

À partir de ces situations dont vous ne voulez plus, je vais vous inviter à établir des règles et à prévoir en face de chacune une sanction précise.

Puis je vous inviterai à présenter ce nouveau mode de fonctionnement à vos enfants, si possible avec le soutien de votre mari. À vous assurer que tout le monde a bien compris et validé ce changement. Ensuite, votre mission principale sera d'être vigilante et de vous assurer de l'application de la sanction pour tout manquement à la règle. C'est l'élément le plus important ! Une sanction non appliquée remettrait en cause toute la crédibilité de la démarche, il vous faudra scrupuleusement faire respecter les sanctions.

— Il faut que je réfléchisse à ce que je vais pouvoir choisir comme sanctions, c'est ça qui me paraît le plus compliqué, mais je veux bien essayer. »

Au sortir du cabinet de consultation j'ai l'impression que ma tête est vraiment pleine d'informations, et de questions aussi : identifier les reproches injustifiés, externaliser la règle, j'ai l'impression d'avoir tant de choses à apprendre… Et en même temps, ça me donne de l'espoir : peut-être qu'en faisant bouger ces aspects-là je trouverai un peu de sérénité ? Je me demande comment Jérôme va réagir quand je vais lui parler de ça, il a tendance à ne pas prendre très au sérieux « tous ces trucs de psys ».

Pendant quelques jours, je me place en position d'observatrice de mon quotidien et de la vie à la maison et je note tout ce qui met à mal mes valeurs, tout ce dont je ne veux plus : la table du petit-déjeuner pas débarrassée, la violence verbale qui va loin parfois surtout entre Bastien et Judith, les repas où tout le monde se coupe la parole, le fait d'être obligée d'appeler dix fois chacun des membres de la famille pour qu'ils daignent venir à table, Bastien qui me répond que : « Oui oui c'est bon » il a fait ses devoirs, alors qu'il est sur son téléphone depuis qu'il est rentré à la maison.

Je me rends compte que la liste est longue, mais que ce sont souvent les mêmes valeurs qui sont concernées : respect, politesse, savoir-vivre, honnêteté, confiance.

Je prends conscience aussi de toute l'énergie que je dépense à faire la police pour que les règles soient respectées, sans réel succès. Ce travail d'externalisation pourrait-il changer les choses ? J'avoue que, tout en me demandant comment je vais m'y prendre, j'en attends beaucoup.

Je réfléchis aux sanctions qui pourraient être adaptées à chaque règle. Je pense à la console et aux écrans : c'est sûr que si j'appuie là, la sanction risque de peser lourd et d'entraîner du changement ! L'idée d'une sanction « comportementale » me plaît bien aussi, comme présenter des excuses si j'ai manqué de respect à l'autre. Je ne veux pas précipiter les choses et prends le temps de consolider mes décisions.

Une fois que c'est plus clair pour moi, je décide d'en faire part à Jérôme. Je prends bien soin de lui exposer le contexte de cette démarche, et surtout ses objectifs : responsabiliser les enfants, et me libérer de ce rôle de surveillance et de rappel à l'ordre. « Qu'est-ce que t'en penses ? Ce qui garantit le succès de cette méthode c'est vraiment l'application stricte et sans faille des sanctions, la psy a bien insisté sur ce point, est-ce que je peux compter sur ton soutien ? » Jérôme n'a l'air ni très enthousiaste ni très convaincu mais il est d'accord avec moi pour souhaiter que les enfants grandissent et deviennent un peu plus responsables de leurs actes. « Tu veux bien qu'on essaye ? »

Ouf, il est d'accord ! Je crois que j'aurais eu du mal à porter cette réforme ménagère seule !

Comme je l'ai fait il y a quelques jours pour le linge sale, je convoque un nouveau conseil de famille pour exposer les règles et le nouveau mode de fonctionnement que nous avons décidé d'adopter. « Voilà, les enfants, est-ce bien clair pour vous ? À partir de maintenant, vous êtes libres de respecter ou d'enfreindre la règle, et en cas de manquement vous en assumerez les conséquences, nous appliquerons les sanctions prévues. »

Bon, ça s'est bien passé, j'ai juste perçu la surprise sur le visage de Bastien, qui doit vraiment se demander ce qui m'arrive. J'ai hâte maintenant d'observer ce que ça va donner, j'espère que je vais réussir à être assez ferme pour que ça marche !

Une des règles que j'ai établies concerne le déroulé de la soirée avant le dîner : je demande aux enfants d'être douchés et en pyjama pour vingt heures, heure à laquelle nous dînons, et de descendre dès la première invitation à le faire. En cas de non-respect de cette consigne, le lendemain soir je leur demanderai leur téléphone au retour de l'école, et il sera confisqué toute la soirée.

Les enfants savent désormais précisément ce que j'attends d'eux, ils ont les cartes en main !

Ils sont rentrés de l'école et je me sens étrangement sereine, c'est comme si je me disais : « Maintenant, ce qui se passe est de leur responsabilité. » Je ne ressens pas cette tension intérieure qui d'habitude me pèse, cette sorte d'hypervigilance à ce qui se passe, ou plutôt à ce qui ne se passe pas.

Vingt heures, j'appelle tout le monde pour le repas. Judith descend en pyjama et Bastien pas douché. Jérôme est déjà attablé, je lui lance un

regard sollicitant son soutien et m'adresse à mon fils :
« Bastien, ce qu'on attend de toi c'est d'être douché et en pyjama pour l'heure du dîner. Comme ça n'est pas le cas, tu me donneras ton portable demain en rentrant de l'école et tu passeras la soirée sans. »
Mécontent, Bastien tente de parlementer mais Jérôme conforte ma décision. Ça me fait du bien de me sentir soutenue. Bastien se renfrogne et j'imagine qu'il est un peu surpris par cette alliance entre nous les parents, et qu'il s'en veut peut-être de ne pas avoir pris les choses trop au sérieux.

Quand les enfants montent se coucher, j'entends Bastien parlementer avec sa sœur et l'inciter à la rébellion, ce à quoi elle répond : « Ben si tu veux garder ton téléphone c'est facile, tu te douches à temps et tu mets ton pyjama ! » Intérieurement je me dis : « Oui c'est ça Judith, c'est tout à fait ça, tu as tout compris, c'est facile ! »

Ça me réconforte que Judith prenne les choses comme ça. Et que Jérôme m'ait soutenue.

Les enfants sont partis à l'école, Jérôme au travail, et je prends le temps de faire un point sur tout ce qui a changé depuis que j'ai commencé cette thérapie : identifier ma colère et la relier à mes valeurs, prendre conscience de tous les moments où j'étais en colère contre moi-même parce que je me sentais impuissante, parce que mes actions me mettaient en conflit avec mes propres valeurs, ou parce qu'elles allaient à l'encontre de ce que je voulais obtenir. Me rendre compte de toutes ces choses dont je n'avais pas conscience m'a permis de me positionner autrement, de changer de stratégie. Je me sens plus optimiste, j'ai l'impression de reprendre la main, d'être plus en phase avec mes valeurs, et ça me redonne confiance.

Bastien et Judith vont bientôt rentrer du collège et j'appréhende un peu la réaction de Bastien. Aussi suis-je très surprise quand il me remet spontanément son téléphone en arrivant. Ça me fait un peu mal au cœur, et en même temps je me sens fière de ce fils qui assume ses responsabilités.

C'est l'heure de manger, et quand je signale que c'est prêt, mes deux rejetons descendent tout beaux, lavés et en pyjama ! Je suis très contente, je me réjouis intérieurement, et tous doivent sentir que je suis satisfaite, car le dîner se passe dans la légèreté et la sérénité.

Est-ce que c'était donc si facile ? J'alterne entre des moments où je prends conscience de ce qui bouge et où je sens l'espoir renaître, et d'autres moments où j'ai l'impression de repartir à zéro. Ce matin ça ne va pas du tout, j'ai eu une altercation avec ma sœur hier soir, et je suis bien contente d'avoir rendez-vous avec ma psy pour lui raconter ce qui s'est passé.

Tu me reproches quoi exactement ?

« Alors Emma, qu'est-ce qui va mieux ?
— Là ça ne va pas très fort, on peut commencer par ça ?
— Si vous voulez !
— Je vous ai déjà parlé de ma sœur, Sabine ? Qui m'avait fait faux bond pour le dessert l'autre dimanche ?
— Oui oui, je me souviens de ça.
— Eh bien hier soir elle m'a téléphoné. Elle a pris rapidement de mes nouvelles avant de me demander, puisque j'étais en arrêt, si je voulais bien garder ses enfants pour le week-end, parce qu'ils avaient prévu avec mon beau-frère de partir en amoureux. Comme vous m'aviez invitée à être à l'écoute de ce dont j'ai envie et de ce dont je n'ai pas envie, j'ai dit à Sabine que ça ne m'arrangeait pas, que j'avais besoin de rester en famille, avec ma famille. Et puis, pour être tout à fait honnête, je n'avais pas très envie d'accéder sa

demande, je n'avais pas encore digéré le coup du dessert.

Ça a visiblement contrarié ses plans, elle s'est énervée et m'a balancé : « De toute façon on peut jamais compter sur toi ! Merci quand même ! », et elle m'a raccroché au nez.

Je suis furieuse depuis hier soir, et n'arrive pas à me sortir ça de la tête : vraiment ? Elle se rend compte de ce qu'elle me dit ? Mais quel culot, quelle ingratitude ! Je suis toujours là, je ne dis jamais non, si vous saviez tous les moments où je lui ai sauvé la mise, non là vraiment ça ne passe pas !

J'étais tellement révoltée par l'attitude de ma sœur que quand Jérôme est rentré du travail je lui ai raconté la scène. Il m'a répondu : « Tu la connais ta sœur, elle est comme ça. Te mets pas dans des états pareils, c'est pas si grave ! » Je vous assure, c'est tout sauf ce que j'avais besoin d'entendre, je me suis sentie tellement incomprise, ça n'a fait qu'aggraver ma colère !

J'ai ruminé ça toute la nuit, j'ai culpabilisé par rapport à mes neveux. Je les adore, c'est pas le problème, mais ils sont très actifs et je ne me sentais ni l'énergie ni l'envie d'assumer ça ce week-end. Est-ce que ça fait de moi quelqu'un d'égoïste ?

— OK, je vois, Emma. Vous êtes d'accord qu'on reprenne tout ça ensemble ?

— Oui, là j'en ai vraiment besoin. Ça tourne en boucle depuis hier soir, je n'ai quasiment pas fermé l'œil de la nuit.

— Quand votre sœur vous a demandé de garder ses enfants, qu'avez-vous ressenti ?

— Ça m'a énervée.

— Oui, pour quelle raison ?

— Je me suis dit qu'elle exagérait, que c'était pas juste, je suis en arrêt et elle elle part en week-end en amoureux et veut me refiler ses gamins. J'ai trouvé aussi que c'était un peu facile et pas très responsable de sa part. Elle ne s'est pas posé la question de savoir comment j'allais vraiment avant de me demander ce service. J'aurais aimé qu'elle respecte plus mon état et soit plus attentive.

— D'accord, quelles sont les valeurs qui ont été mises à mal par le comportement de votre sœur à ce moment-là ?

— Je dirais justice, respect, sens des responsabilités, écoute, bienveillance aussi.

— Oui très bien, ça explique votre colère sur le fond, c'est-à-dire sur le fait même qu'elle ait formulé cette demande. Ensuite, sur la forme ? Qu'est-ce que vous en pensez ?

— Ben c'est quand même très violent de m'avoir raccroché au nez !

— Oui en effet. Quelles valeurs ça vient heurter ?

— Le respect, la communication, l'écoute. Et puis, quand elle a pris de mes nouvelles, je ne l'ai pas sentie vraiment sincère. Je pourrais rajouter honnêteté, sincérité.

— Très bien. Et quand Sabine vous dit : « De toute façon on peut jamais compter sur toi », qu'est-ce qui se passe pour vous ?

— Je vous l'ai dit, ça m'a mise hors de moi, je me suis dit qu'elle ne se rendait pas compte de ce qu'elle était en train de me dire, j'ai trouvé ça tellement injuste…

— Oui en effet, ça ne vous rappelle pas quelque chose ?

— Je ne vois pas trop où vous voulez en venir…

— Ça ressemble à quoi ce que vous a dit votre sœur ? Quelque chose dont nous avons parlé la dernière fois.

D'un coup je comprends : mais bien sûr, c'est un reproche injustifié : qui m'attaque moi en tant que personne, qui est généralisant « on peut *jamais* compter sur toi », qui tombe sans prévenir et n'est pas basé sur des faits précis, et qui n'a pas pour vocation à être constructif. C'est pour ça que j'ai eu un tel sentiment d'injustice ! Parce que je ne l'ai pas identifié et que malgré moi je l'ai pris. J'ai passé la nuit à essayer de me justifier vis-à-vis de moi-même et ça a tourné sans fin… M'emportant dans une remise en question sans limites…

La psy me regarde avec un sourire bienveillant : je crois que vous avez une nouvelle fois fait l'expérience des effets dévastateurs du reproche injustifié…

— Oui je m'en rends compte maintenant. Je crois qu'il va vraiment falloir que j'apprenne à les identifier pour ne plus revivre ça. Si une situation similaire se reproduit, comment dois-je m'y prendre pour questionner et désamorcer le reproche injustifié ?

— Là elle ne vous en a pas donné le temps, puisqu'elle a raccroché. Mais on pourrait imaginer simplement que vous puissiez dire : « Sabine, ça me paraît un peu injuste ce que tu me dis là, sur quoi te bases-tu pour dire qu'on peut jamais compter sur moi ? » Il y a de grandes chances pour que, juste mise face à ce qu'elle vient de formuler, elle se rende compte elle-même du caractère infondé de son reproche et qu'elle reformule les choses.

— D'accord, j'espère y arriver la prochaine fois, parce que, vraiment, ma nuit a été horrible.

— Oui, j'ai toute confiance en vous pour être alertée la prochaine fois qu'on vous formulera un reproche injustifié et pour le désamorcer.

Je me sens tellement incomprise parfois…

— Et Jérôme ? Sa réaction a été tellement loin de ce dont j'avais besoin que j'ai vraiment regretté de lui en avoir parlé. Pour moi ça n'a fait qu'aggraver les choses, c'est venu rajouter en moi de la colère contre lui !
— Je vois, pour quelle raison à votre avis ?
— Ben, j'avais besoin d'être soutenue ! Et je ne me suis pas du tout sentie comprise !
— Oui, de quelle valeur est-ce que ça parle ?
— …
— De quoi est-ce que j'ai besoin quand ça ne va pas ?
— Qu'il me soutienne !
— Oui, quoi d'autre ?
— Qu'il voie que ça ne va pas, qu'il comprenne !
— Oui, c'est quoi cette valeur dont vous auriez aimé que Jérôme fasse preuve hier soir ?
— D'empathie ?

— Oui, c'est ça : de soutien et d'empathie. Or, par maladresse certainement, votre mari s'est positionné dans l'antipathie.

— Vous pensez ? Je ne pense pas qu'il l'ait fait exprès !

— Oui, vous avez raison. Le plus souvent, l'intention de l'autre est vraiment positive, il veut que vous sentiez mieux et c'est pour ça qu'il vous invite à « ne pas vous mettre dans un état pareil », qu'il cherche à minimiser « c'est pas si grave » ou vous invite à passer à autre chose. L'intention est bonne, mais l'effet est absolument contre-productif, car vous ne vous sentez pas comprise : c'est comme s'il vous disait que votre émotion n'est pas légitime, et ça ne fait qu'aggraver votre colère. Si la réaction de Jérôme vous a mise dans cet état, c'est parce que c'était de l'antipathie.

C'est vraiment important aussi d'apprendre à repérer l'antipathie, qui est sournoise et se pare de bonnes intentions. Le plus souvent, ce dont j'ai besoin quand ça ne va pas est que l'autre me dise simplement : « Je vois que ça ne va pas ». À ce moment-là, je n'ai aucune envie qu'il cherche des solutions pour moi ou tente de me raisonner.

— Je vois ce dont vous parlez… Je me sens souvent incomprise, et je me dis que c'est sans doute une histoire d'antipathie.
— D'accord. Est-ce que vous seriez prête, pour la prochaine fois, à identifier les moments où les autres de manière générale réagissent avec antipathie, et à les noter ?
— Oui, je veux bien.
— Et à continuer à être vigilante pour identifier les reproches injustifiés et les désamorcer ?
— Oui, je veux bien aussi. Je me rends compte qu'il y a de nombreux pièges dans lesquels on tombe sans s'en rendre compte.
— C'est vrai Emma, et l'objectif que nous poursuivons ensemble, c'est d'apprendre à repérer ces pièges de la communication pour les éviter ! »

En rentrant chez moi, je me dis qu'il va me falloir être très vigilante pour identifier ces multiples maladresses de communication et éviter qu'elles ne m'entraînent dans ces questionnements sans fin qui consument toute mon énergie. Pendant quelques jours, je me sens comme une enquêtrice, prête à repérer les moindres traces d'antipathie, à débusquer tout ce qui pourrait s'apparenter de près ou de loin à un reproche injustifié. Et au fur et à mesure je note ces différentes situations. Les résultats de mon investigation sont sans appel : l'antipathie est partout !

Quand j'exprime à Jérôme mes inquiétudes quant à la reprise du travail et qu'il ne dit : « T'inquiète, ça va bien se passer », quand je raconte à ma mère combien ma chef Elsa est inhumaine et irrespectueuse et qu'elle me conseille de prendre sur moi, quand Judith exprime à table sa révolte contre son prof d'histoire qui tient des propos racistes en cours et que son père lui répond : « Mais ça doit être du second degré, t'énerve pas pour ça ! ».

Plus dur, je me rends compte que c'est aussi mon mode de fonctionnement à moi.

Judith a de grosses difficultés à s'endormir le soir, elle a peur. De mourir, qu'il nous arrive quelque chose, de ne pas réussir à s'endormir. Les soirées sont compliquées, elle vient nous voir une fois, deux fois, trois fois, cherchant du réconfort. Je la rassure avec mes mots à moi : « Tu n'as pas de raison de t'inquiéter, nous sommes en bonne santé, tout va bien ». Mais je me rends bien compte que, quels que soient les arguments que j'avance, rien ne permet de la rassurer. Et il n'est pas rare qu'au final, épuisée par ce soutien psychologique quotidien, je finisse par perdre patience et par lui dire que là maintenant ça suffit et qu'il faut qu'elle reste dans son lit. Je me sens impuissante à la réconforter et injuste, et insatisfaite de moi que ça finisse en énervement. Bien sûr que c'est certainement autre chose qu'elle attend de moi dans ces moments-là ! Mais je ne sais pas comment m'y prendre… Sans en être tout à fait sûre, je soupçonne l'antipathie d'être impliquée dans cette histoire. Il faudra que je demande à la psy quelle est la bonne manière de réagir dans ce type de situation.

Je me surprends aussi à être dans l'antipathie avec moi-même. Quand je repense à ce qui s'est passé avec Sabine et que je me dis : « C'est ta sœur, tu ne vas pas rester bloquée là-dessus, il faut que tu passes à autre chose ». Quand je pense au travail et que j'ai la boule au ventre et du mal à respirer et que je me dis : « Ça va aller, essaie de penser à autre chose. »

Les choses m'ont paru très claires quand j'en discutais avec la thérapeute : quand ça ne va pas, j'ai besoin que l'autre voie que ça ne va pas, et c'est souvent la seule chose dont j'ai besoin. L'antipathie fait plus de mal que de bien, ça je l'ai bien identifié. Mais alors, pourquoi suis-je dans l'antipathie avec moi-même ? Je prends conscience du fait que je suis sans cesse en train de critiquer et de remettre en question mes émotions, comme si je m'autocensurais en permanence…

Ça me fait vraiment mal de me rendre compte de tout ça. Je me pose beaucoup de questions sur moi, sur les autres : pourquoi est-ce que ça fonctionne comme ça ?

Heureusement, Stéphanie m'a proposé de passer prendre le thé cet après-midi. C'est son jour de repos, et son enthousiasme à venir me voir pour prendre des nouvelles et papoter m'a encouragée à accepter. J'espère que ça ne va pas être trop dur pour moi d'entendre parler d'Elsa et du travail.

J'apprécie beaucoup Stéphanie. C'est une jeune femme douce qui a beaucoup de goût. Elle rêvait d'être styliste et, issue d'un milieu modeste, n'a pas pu faire les études ad hoc. Elle est très créative, attentive au moindre détail vestimentaire. Ses tenues sont toujours parfaitement assorties en un jeu de matières ou de couleurs des plus raffinés. Ces qualités la rendent excellente dans son travail. C'est comme si elle avait le don de trouver la paire de chaussures parfaite pour telle tenue, tel tempérament, tel évènement. Quand je pense à elle je pense à la chanson de Goldman : « Il changeait la vie ». Oui, je pense qu'on peut être très bon dans son métier quel que soit celui-ci, et Stéphanie est à mon sens une excellente vendeuse de chaussures, à l'écoute, respectueuse et patiente.

Ça me révolte qu'Elsa n'en ait pas conscience et la maltraite comme nous toutes. Alors que c'est elle qui assure la majeure partie des ventes ! Certaines clientes viennent au magasin uniquement parce qu'elle y travaille, pour y trouver ses bons conseils.

Mais ce n'est pas du travail que Stéphanie a envie de me parler aujourd'hui, c'est de sa dernière histoire de cœur. De ce côté-là c'est plutôt très instable, Stéphanie n'arrive pas à construire de relation durable avec les hommes de sa vie. Soit parce qu'ils se montrent distants et peu disponibles, ou au contraire parce qu'ils l'accaparent tellement qu'elle finit par les quitter parce qu'elle étouffe.

Aujourd'hui elle me parle de sa dernière conquête, Paul. Quand il a rencontré Stéphanie, il sortait d'une relation tumultueuse avec une femme qui, semble-t-il, ne savait pas trop ce qu'elle voulait. Il en avait beaucoup souffert et souhaitait prendre son temps. Stéphanie était d'accord de ne pas brûler les étapes et s'est montrée patiente, compréhensive. Mais rien ne se construisait. À chaque tentative ou proposition de sa part, elle le sentait en retrait. Et quand elle exprimait son ressenti, il était plutôt fuyant, lui assurant que tout allait bien et qu'il lui fallait juste du temps.

Je sens bien qu'aujourd'hui elle en a gros sur le cœur et je l'invite à se confier :

« T'as pas l'air bien, il s'est passé quelque chose avec Paul ?

— Oui, je suis tombée par hasard sur un message et je me suis rendu compte qu'il entretenait toujours une relation avec son ex !

— Ah bon, mais comment c'est possible ?

— Ça fait plusieurs semaines, elle est revenue vers lui et il a répondu présent. Si tu savais, je me sens tellement trahie. Je sentais bien que quelque chose n'allait pas, qu'il refusait de s'engager, mais qu'il m'ait menée en bateau comme ça pendant tout ce temps ça me révolte !

— Je comprends que tu sois en colère.

— Et tu sais quoi ? Quand je lui ai dit que j'avais découvert ce qui se tramait dans mon dos, il m'a accusée d'être « beaucoup trop possessive et qu'avec moi il ne pouvait pas respirer », c'est un comble, non ?

— C'est sûr, je comprends que tu aies trouvé ça injuste ! »

J'ai mal au cœur pour Stéphanie, qu'elle soit à nouveau tombée sur un homme qui lui fait du mal. Elle mériterait tellement de trouver quelqu'un de bien.

Nous prenons le thé, elle a amené des macarons, elle sait que ce sont mes gâteaux préférés, pour moi tout chocolat, et pour elle citron framboise. J'ai l'impression que ça lui a fait du bien de se confier, je la sens apaisée, et la conversation dévie vers des sujets plus légers, les nouvelles de la galerie marchande, quelques potins.

Ça m'a fait du bien de recevoir de la visite, Stéphanie est vraiment quelqu'un sur qui je peux compter, et c'est réciproque. Notre relation est basée sur la confiance et le respect mutuels.

Elle est partie et je repense à ce qu'elle m'a raconté de ce Paul : à quel point il a manqué avec elle de respect, d'honnêteté, à quel point il a bafoué sa confiance. Combien il a manqué de courage et de sens des responsabilités en lui renvoyant la faute. J'ai bien identifié le reproche injustifié qu'il lui a adressé « t'es beaucoup trop possessive » et je trouve ça vraiment lâche.

J'ai l'impression de commencer à y voir plus clair sur les valeurs et les reproches injustifiés, en tout cas je suis contente d'avoir pu extraire de cette conversation tous ces éléments objectifs !

C'est à la fois avec cette satisfaction et avec une certaine lourdeur sur les épaules que je me rends chez la psy ce matin.

Je vois bien que ça ne va pas

Quand la thérapeute me questionne sur ce qui va mieux, je lui raconte que j'ai l'impression de commencer à prendre de la hauteur par rapport à certaines choses dont on a discuté, et elle m'encourage à développer :
« Ma collègue et amie Stéphanie est passée à la maison, et quand elle m'a raconté ses soucis de cœur, j'ai tout de suite identifié ce qui dysfonctionnait en termes de valeurs dans le comportement de son copain. Et qu'il était certainement assez prompt à lui adresser des reproches injustifiés !
— Très bien Emma, ce que vous me dites là témoigne du fait que toutes ces notions que nous avons abordées, vous êtes en train de les intégrer, c'est très bon signe !
Ça me fait du bien d'entendre ça, et j'avoue que ça vient conforter une sorte d'intuition que oui, tout ça est en train de devenir plus facile, plus évident. Par contre, je suis très embêtée par ce que j'ai découvert au sujet de l'antipathie, j'ai

vraiment besoin d'en savoir plus et questionne ma thérapeute :

— Comme vous m'y aviez invitée, je me suis appliquée à être très attentive à l'antipathie et ce que j'ai découvert m'a désolée…

— Qu'avez-vous découvert ?

— Je me suis rendu compte qu'elle est partout, elle s'immisce presque dans chaque interaction. Je n'avais pas du tout conscience de ça, je n'aurais jamais imaginé qu'on était si antipathiques les uns avec les autres. J'ai même réalisé que je l'étais très souvent avec moi-même…

— Emma, vous avez mis en lumière quelque chose de très important, et je vous en félicite !

La grande majorité d'entre nous avons été confrontés dès notre plus jeune âge à l'antipathie : quand un enfant tombe et se blesse, on lui répond : « Mais non t'as pas mal », quand il fait une grosse colère on le gronde en lui intimant de se calmer, quand il a peur du noir ou des araignées on le rassure en lui disant que non il n'y a pas de monstres sous le lit, que non les araignées sont toutes petites et ne peuvent pas nous faire de mal… Tout petits, on ne cesse de recevoir des messages qui viennent remettre en question la légitimité de nos émotions.

On en vient à douter de celles-ci et à nous appliquer à nous-mêmes ce que tout le monde nous renvoie. À notre insu, on intègre cette censure, qui peut devenir très puissante et se transformer en croyance : « un garçon ça pleure pas », « c'est pas bien d'être en colère », « faut pas avoir peur », « faut être fort »…

Toute notre vie on grandit avec ça : quand les émotions se manifestent on les balaie d'un revers de la main. Et, chez certaines personnes, ce mode de relation à soi-même atteint ses limites. C'est souvent à ce moment-là qu'apparaissent des symptômes : troubles du sommeil, mal-être, crises de panique, irritabilité, douleurs physiques, et que les gens consultent.

— Ah bon, mais c'est terrible, comment ça se fait ?

— Je pense que c'est culturel, c'est lié à nos familles, à notre éducation, et à la vision même de notre société.

— Mais, comment expliquer ça ?

— Je pense qu'il s'agit certainement d'une question d'aptitude, de compétence émotionnelle : ça n'est pas facile d'être en face de quelqu'un qui est en proie à une émotion forte. Bien souvent, je ne sais pas quoi dire, comment me comporter, et comme je sais que ça fait mal, l'émotion, je vais tenter de le réconforter, de le rassurer. Mon intention est positive mais comme je ne sais pas faire, je suis maladroit, souvent dans l'antipathie, et ça ne produit pas les effets escomptés bien sûr, parfois c'est même pire : l'autre se sent incompris ou illégitime dans son émotion et ça ne fait qu'aggraver la situation pour lui.

Quand vous vous êtes disputée avec votre sœur, votre mari a pu se sentir démuni face à votre colère et vous a dit « te mets pas dans des états pareils, c'est pas si grave ». Résultat, ça ne vous a pas du tout aidée, et en plus vous lui en avez voulu !

— Oui c'est tout à fait ça. Moi aussi je me sens parfois démunie.

— Démunie ? À quelle situation faites-vous référence ?

— Je pense à Judith, ma fille. Elle a des angoisses très importantes le soir, et je me sens complètement impuissante face à ça. Je voudrais pouvoir la rassurer mais je n'y arrive pas.

— Ces angoisses, elles sont liées à quoi ?

— Elle a peur qu'il nous arrive quelque chose, elle a peur de nous perdre, peur de la mort. Ça entraîne de grosses difficultés d'endormissement, et de grosses perturbations de nos soirées, parfois même j'en viens à me fâcher et je m'en veux.

— Je vois, qu'est-ce qui se passe pour vous émotionnellement dans cette situation ?

— Ça me fait mal au cœur de la voir comme ça, j'aimerais qu'elle pense à autre chose, alors je tente de faire diversion, ou de la rassurer.

— Qu'est-ce qui vous pousse à agir ainsi ?

— C'est la souffrance que je vois en elle, elle a du mal à respirer, elle a le cœur qui bat vite, elle pleure, je la sens complètement envahie…

— Et, ça donne quoi ?

— Ben justement, pas grand-chose, mes tentatives et mes arguments n'y changent rien, et je me sens tellement impuissante…

— OK, qu'est-ce qui se passe pour vous émotionnellement ?

— Je m'en veux, je voudrais l'aider et je n'y arrive pas, je suis en colère.

— En colère contre qui ?

— Contre moi !

— Oui, c'est très important de voir ça. Je suis en colère contre moi car je ne parviens pas à faire en sorte qu'elle se sente mieux. Et quand finalement je la gronde, qu'est-ce qui se passe ?

— Je m'en veux encore plus…

— Pour quelle raison ?

— Parce que c'est injuste !

— C'est vrai. Si je suis en colère contre moi et que j'exprime cette colère contre l'autre, c'est très injuste, et ça explique que je m'en veuille encore plus.

— Mais alors, que dois-je faire ? Je vois bien que ça ne marche pas !

— Vous me dites que Judith a peur pour vous n'est-ce pas ? Peur qu'il vous arrive quelque chose, peur de vous perdre ?

— Oui, c'est ça.

— Est-ce que vous pouvez comprendre cette peur ? Est-ce que c'est légitime qu'une jeune fille ait peur de perdre ses parents, ou qu'il leur arrive quelque chose ?

— Ben, il me semble que oui, que c'est plutôt normal.

— Quand vous cherchez à la rassurer, que lui envoyez-vous comme message ? Quand vous lui dites : « Tu n'as pas de raison d'avoir peur, ne t'inquiète pas », que se passe-t-il ?

— …

— …

— Je vois, c'est comme si j'essayais de la convaincre que son émotion n'a pas lieu d'être, qu'elle n'est pas légitime… Je suis malgré moi dans l'antipathie.

— Oui, c'est ça. Souvenez-vous, de quoi a-t-on besoin quand ça ne va pas ?

— Que l'autre voie que ça ne va pas ?

— Oui. À votre avis, de quoi Judith a-t-elle besoin le soir ?

— Que je voie qu'elle a peur !

— Oui Emma, elle a besoin que vous voyiez qu'elle a peur. Elle n'attend pas de vous des arguments ou des tentatives de solution, elle a juste besoin que vous l'accueilliez avec son émotion. Il n'y a rien à faire de plus. C'est ça l'empathie : « Je vois que tu as peur, tu as le droit d'avoir peur, c'est normal pour une jeune fille de redouter qu'il arrive quelque chose à ses parents. »

Vous savez bien que, de toute façon, aucun argument ne pourra venir rassurer cette peur : il peut vous arriver quelque chose, à tout moment.

— C'est vrai… »

Ça me paraît difficile de ne pas chercher à rassurer ma fille quand elle a peur, et en même temps ça paraît si logique expliqué comme ça. J'aime bien cet éclairage que la psy m'a proposé, peut-être que c'est parce que je me sens démunie et impuissante face à la douleur de l'autre, parce que c'est difficile pour moi de le voir comme ça, que je cherche à faire disparaître son émotion. Une chose est sûre, et ça j'en suis sûre, c'est que ça ne marche pas ! Je vais faire autrement, dès ce soir si la situation se présente, j'essaierai d'être dans l'empathie tout simplement.

Le soir même, quelques minutes après l'habituel bisou de bonne nuit, j'entends Judith m'appeler auprès d'elle. Je monte et elle me dit, les larmes aux yeux : « J'ai peur, maman, je pense à plein de choses horribles, à tout ce qui pourrait vous arriver, et à comment je me débrouillerais si vous n'étiez plus là, ah maman j'ai pas envie que vous mouriez ». Ce qui se passe en moi est alors très nouveau : c'est comme si, presque pour la première fois, en écoutant vraiment, j'entendais avec mon cœur ce que ma fille était en train de me dire. Comme si j'arrivais à la rejoindre là où elle était, juste une petite fille qui avait peur de perdre ses parents. Je suis là, auprès d'elle, et je l'accueille avec ce qu'elle ressent, j'abandonne tout effort pour faire taire cette émotion : « Viens ma chérie, viens faire un câlin. C'est normal d'avoir peur de ces choses-là, ça fait très peur de penser à tout ça. » Et alors que ma petite fille se blottit contre moi et que je l'écoute pleurer, je sens peu à peu sa respiration s'apaiser, ses muscles se détendre. Et quand, au bout de quelques minutes, elle me dit : « Merci maman, je me sens mieux », j'ai moi-même les larmes aux yeux : j'ai réussi, ma fille se sent mieux et c'est un peu grâce à moi ! Paradoxalement, c'est en accueillant ce qui est sans chercher à le changer que ça se pose, que ça s'apaise. Je me sens tellement soulagée d'avoir trouvé la bonne posture…

Dans chaque situation, j'essaie d'être attentive à l'émotion de l'autre, en m'appliquant autant que possible à rester dans l'empathie, mais c'est loin d'être évident !

Bastien et Judith continuent à se chamailler beaucoup, et aujourd'hui c'est allé assez loin. Bastien était furieux contre sa sœur qui avait fouillé dans son portable, et pour se venger a déchiré un de ses livres préférés. Je peux comprendre qu'il ait été en colère, mais jusqu'où doit aller mon empathie ? Je ne peux quand même pas tolérer ce type de comportement ! Je note sur mon carnet de thérapie cette question afin de la poser à ma psy lors du prochain rendez-vous.

La semaine a passé vite, certaines choses à la maison sont devenues beaucoup plus confortables pour moi : chacun participe un peu plus, à son niveau, à la vie en commun. Je n'ai plus à m'énerver pour le linge, les soirées se sont bien apaisées depuis que Judith se sent mieux. Le quotidien devient moins pesant, plus léger. C'est dans ce contexte que j'ai accédé à la demande de mes parents de venir manger ce midi. Jusque-là je ne m'en sentais pas capable, je les connais, souvent dans la critique et dans l'agressivité, ils véhiculent une tension que j'ai de plus en plus de mal à supporter. Et puis, chez nous, ça n'est pas très bien vu d'être en arrêt, il est de bon ton de prendre sur soi et de continuer à avancer. J'espère que ça va bien se passer, mais j'avoue que j'appréhende un peu.

Mais laissez-moi tranquille !

Au moment de me dire bonjour, mon père s'exclame : « Tu as l'air en forme, ma fille, il va peut-être falloir penser à reprendre le travail, deux mois et demi ça commence à faire ! Je connais une voisine, elle a fait un burn-out, elle a été arrêtée huit mois pour au final ne jamais réussir à retourner bosser ! C'est sûr qu'on doit finir par y prendre goût… »

Ça y est, le ton est donné, mon père est bien égal à lui-même, un modèle de tolérance et de bienveillance… Il exècre les gens qui profitent du système, lui qui a trimé toute sa vie. Il était plombier à son compte et c'est sûr qu'il n'a jamais compté ses heures. Il était très peu là, ce que ma mère savait bien lui reprocher d'ailleurs. Pour lui, être en arrêt c'est être en vacances. J'aimerais lui dire que je ne suis pas en vacances, que c'est très dur et que je travaille avec beaucoup d'engagement à aller mieux, mais ce n'est pas la peine, de toute façon il ne comprendrait pas.

J'aimerais tant pouvoir compter sur le soutien de mes parents, sur leur compréhension. Je ravale mes larmes, de colère et de déception, et change au plus vite de sujet.

Je fais bonne figure mais tout me pèse. Les critiques qu'ils formulent au sujet de Sabine par exemple : eux aussi trouvent qu'elle a du mal à assumer ses responsabilités, qu'elle prend des engagements qu'elle ne tient pas, qu'elle change d'avis très vite. Ils se plaignent d'être les otages de son bon vouloir et de ses sautes d'humeur mais, à qui la faute ? Ils ne lui ont jamais rien dit ! Déjà, petite, c'est elle qui faisait la pluie et le beau temps à la maison, et sous prétexte qu'elle était colérique et que ses colères pouvaient être ravageuses, ils lui passaient tout. J'en ai marre d'entendre leurs éternelles rancœurs vis-à-vis d'elle : s'ils ne sont pas contents, ils n'ont qu'à lui en parler à elle ! Je ne me sens plus du tout capable d'absorber toutes ces émotions négatives qui ne sont pas les miennes.

Je n'en peux plus non plus des reproches plus ou moins dissimulés que ma mère adresse à mon père en notre présence, comme si elle attendait de nous qu'on prenne son parti. Je vois bien qu'elle cherche à me rejoindre dans la cuisine quand j'y suis seule en me disant : « Faut que je te dise, ton père… Tu sais ce qu'il m'a fait cette semaine ?… » Ah, je n'en peux plus d'entendre ces histoires. Je ne veux plus être la confidente de ma mère. Je me dis que dès qu'ils seront partis, j'écrirai ça dans mon carnet : il faut que je parle de mes parents à ma thérapeute, je vois qu'il y a tellement de choses qui ne fonctionnent pas…

Je viens de servir le café et je rêve d'une cigarette. Le plus discrètement possible, je m'éclipse sur la terrasse, mes parents ne savent pas que j'ai repris. Ces dernières semaines avant d'être arrêtée ont été tellement difficiles pour moi que j'ai recommencé. Je sais que c'est bête et que ça ne règle rien, mais j'ai l'impression que ça m'a aidée à tenir. Aujourd'hui, les quelques cigarettes que je m'autorise me permettent de prendre l'air, de profiter de mon jardin, de faire le point avec moi-même, et même si Jérôme désapprouve, je crois que j'en ai encore besoin.

Aïe, je n'ai pas dû être assez discrète, ma mère à qui rien n'échappe entrouvre la porte-fenêtre et me lance avec réprobation : « Tu devrais pas fumer comme ça, c'est pas bon pour toi, et puis, tu te rends compte de l'image que tu donnes aux enfants ? »

En une fraction de seconde une énorme colère s'embrase en moi : je n'en peux plus de ses jugements de valeur, je ne supporte plus qu'elle me dise ce que j'ai à faire ! Mais pourquoi elle ne me laisse pas tranquille ? Dans ma tête naît une envie de rébellion : « Puisque c'est comme ça je vais en fumer deux ! » et tout de suite une autre pensée vient faire taire cette révolte intérieure : « Mais non, tu ne peux pas faire ça, ça serait une déclaration de guerre… » Et, comme une petite fille qui a désobéi à ses parents, j'éteins ma cigarette et rejoins les autres à l'intérieur, le ventre bloqué, en formulant de vagues excuses à ma mère : « C'est vrai tu as raison… » J'ai envie de pleurer, de rage, d'impuissance, de honte d'être encore, à trente-huit ans, en train de m'écraser devant mes parents. Je n'en fais rien bien sûr, je sais si bien prendre sur moi…

« Merci les enfants, ça nous a fait plaisir de vous voir ! » Ça y est, ils sont partis. Je pourrais me sentir soulagée, mais ça ne fait que rajouter à mon cataclysme intérieur, ils ne se sont rendu compte de rien ! Je suis exsangue. J'appréhendais ce déjeuner c'est vrai, et mes parents ont été fidèles à eux-mêmes, tels que je les connais. Mais alors pourquoi une telle réaction en moi ? J'ai l'impression que les frustrations de ma vie entière viennent de refaire surface…

Je suis contente d'avoir un peu anticipé et d'avoir fixé un rendez-vous dès demain avec ma psy, ce soir j'en ai vraiment gros sur le cœur.

Quand ça ne va vraiment pas, je mange. Je me doute bien que c'est pas ça non plus qui va régler mes problèmes, mais c'est plus fort que moi. J'espérais qu'en mettant toute mon énergie à ranger, faire la vaisselle et nettoyer, les choses s'apaiseraient en moi mais rien n'y fait, c'est toujours aussi violent. Je me saisis d'un paquet de gâteaux apéritif et alors que je les avale l'un après l'autre dans une sorte d'état second, il me semble que ça se calme un peu.

C'est alors que Jérôme me surprend et que je l'entends me dire : « Tu devrais pas grignoter comme ça, t'as vu tout ce qu'on a mangé à midi ? ».

C'en est trop. Je ne peux plus me retenir, cette rage que j'ai tenté de noyer dans ce paquet de gâteaux me submerge, comme une digue qui se rompt, et de violents et interminables sanglots jaillissent de moi. Je n'arrive pas à m'arrêter, mon corps entier est secoué par la violence de cette émotion qui se déverse et sort enfin… Au bout de longues minutes ça se tarit, j'ai les yeux rouges et tout gonflés, j'ai mal dans tous les muscles de mon corps, mais dans mon ventre et dans ma tête ça s'est apaisé. Le calme après la tempête.

Mais pourquoi est-ce que je n'arrive pas à leur dire ?

Ce matin je me sens vide. J'étais tellement épuisée hier soir que je me suis endormie tout de suite, et là au réveil je me sens lasse. J'ai rendez-vous avec ma thérapeute mais je ne sais pas si j'aurai le courage de revenir sur ce qui s'est passé hier.
« Bonjour Emma, alors, qu'est-ce qui va mieux ?
— C'est difficile ce matin, j'ai vu mes parents hier. C'est étrange : il ne s'est rien passé de différent de d'habitude, pas un mot plus haut que l'autre, mais qu'est-ce que ça a été dur pour moi ! J'ai été totalement désemparée par ce qui s'est passé en moi, j'ai eu l'impression d'étouffer toute la journée, jusqu'à ce qu'au final ça sorte après leur départ. Vous m'auriez vue, j'ai sangloté toutes les larmes et toute la rage de mon corps, ça a duré presque une heure. Sur le coup je crois que ça m'a fait du bien que ça sorte, mais j'ai l'impression de ne plus avoir d'énergie…

— Oui, je vois… De quelle manière souhaitez-vous qu'on revienne sur cette journée d'hier ?

— Je n'ai pas envie d'en parler en détail, je ne m'en sens pas la force aujourd'hui. Mais, est-ce que vous pourriez m'aider à comprendre pourquoi j'étais dans un tel état ?

— Oui c'est d'accord. Quand vous me dites « dans un tel état », à quelle émotion est-ce que ça fait référence ?

— J'étais dans une énorme colère intérieure, ça a jailli d'un coup et ne m'a pas quittée. J'ai retenu ce flot d'émotion tout l'après-midi, mais il a suffi d'une goutte d'eau pour que tout déborde, et n'en finisse pas de se déverser.

— OK. Pourriez-vous me dire à quel moment vous avez senti cette colère surgir ?

— Dès que mon père est arrivé. Il m'a parlé d'une de ses voisines qui a été arrêtée huit mois pour un burn-out et n'a jamais réussi à reprendre son travail et il a lancé quelque chose comme « c'est sûr qu'on doit y prendre goût ». Ça m'a mise hors de moi, j'ai bien senti que son message m'était adressé, qu'il pense que je suis en vacances et qu'il ne faudrait pas que je me complaise dans cette situation.

— Je vois. Quelles sont les valeurs que votre père est venu heurter hier quand il vous a dit ça ?

— J'ai trouvé ça très injuste. Il ne se préoccupe pas de savoir ce qui m'arrive et m'assène ses jugements de valeur, vraiment, c'est déjà tellement dur pour moi d'être en arrêt, je n'avais pas besoin qu'il en rajoute !

— Oui, quelles sont les valeurs qui ont été mises à mal ?

— La justice, l'empathie, la bienveillance ? La valeur travail aussi je crois car je suis quelqu'un pour qui c'est très important. Qu'il vienne mettre ça en doute m'a fait très mal.

— Bien. De quelles valeurs auriez-vous aimé que votre père fasse preuve ?

— J'aurais aimé qu'il soit plus à l'écoute, plus respectueux de mon état, plus tolérant. Mais ça, ça n'est pas son fort !

— D'accord. Vous m'avez dit justice, écoute, empathie, bienveillance, respect, tolérance, travail. Qu'est-ce que ça vous fait qu'on mette en lumière les valeurs concernées par cette discussion ?

— Ben, en deux phrases il y en a beaucoup ! Je comprends mieux pourquoi c'est monté d'un coup !

— Bien sûr. Et ensuite ? Que s'est-il passé ?

— J'ai pris sur moi, le repas s'est déroulé sans accroc, mais j'avais une drôle de sensation, c'est comme si j'étais là sans être vraiment là.

— Je vois.

— Et puis, après le dessert, j'ai vraiment eu besoin de sortir prendre une cigarette. Ma mère m'a surprise et m'a fait la morale comme si j'étais une gamine, en me reprochant de donner le mauvais exemple à mes enfants. En une fraction de seconde j'ai senti de la rage monter en moi : je n'en peux plus qu'elle me dise ce que j'ai à faire ! J'avais envie de hurler : « Laisse-moi tranquille, laissez-moi tranquille ! »

— Oui, ça vient parler de quelle valeur, ça ?

— De respect ?

— Oui, de quelle valeur aussi ? Qu'est-ce qui est menacé quand quelqu'un me dit ce que j'ai à faire ?

— Mon libre arbitre, ma liberté ?

— Oui Emma, ça vient parler de liberté. Et quand on menace ma liberté, ça peut réagir très fort à l'intérieur : « Je suis grand je fais ce que je veux et tu n'as rien à me dire ! »

— Oui, c'est tout à fait ça que je me suis dit. Intérieurement bien sûr. J'avais même envie d'en fumer une autre rien que pour lui prouver que c'est pas elle qui décide à ma place ! Et vous savez ce que j'ai fait ? Comme une gamine prise en faute, j'ai éteint ma cigarette et je suis rentrée en formulant à ma mère des excuses !

Je m'en veux tellement de pas être capable de m'affirmer !

— Qu'est-ce que vous ressentez comme émotion quand vous me dites ça ?

— Je suis terriblement en colère contre moi-même ! Je vois bien tout ce dont nous avons déjà parlé : que je m'en veux de pas être capable de dire les choses, que je me retrouve en conflit avec moi-même par rapport à ces valeurs de respect et de liberté quand je renonce malgré moi à ce que je souhaite. Ça me paraît tellement compliqué tout ça, je ne sais pas si je réussirai à m'en sortir…

— Je comprends.

— Et vous savez quoi ? Le pire c'est qu'ils ne se sont rendu compte de rien !

— Ah bon, qu'est-ce qui vous fait dire ça ?

— Quand ils sont partis ils étaient tout souriants et nous ont remerciés en disant que ça leur avait fait du bien de nous voir !

— De quoi auriez-vous eu besoin ?

— J'aurais eu besoin qu'ils voient que ça n'allait pas du tout pour moi !

— Qu'aurait-il fallu, Emma, pour qu'ils voient que ça n'allait pas du tout pour vous ?

— Qu'ils ouvrent les yeux ! Qu'ils soient plus attentifs et moins centrés sur eux !

— Oui en effet, là ils auraient pu remarquer quelque chose. Quoi d'autre ? Qu'est-ce qui aurait pu permettre à vos parents de se rendre compte que quelque chose n'allait pas ?

— Que je le montre plus ? Ou que je le dise ?

— Oui. C'est tout à fait ça. On a souvent tendance à attendre de l'autre qu'il devine ce qu'on ressent ou ce qu'on attend de lui sans lui donner la moindre indication. *Je voudrais que tu voies que ça ne va pas mais je fais comme si tout allait bien*, je ne facilite pas la tâche à l'autre. Et comme c'est difficile de voir ce qui est caché, la plupart du temps l'autre ne se rend compte de rien. Je reste avec mon mal-être, et s'y rajoute de la colère contre cet autre de ne pas avoir vu ce que je ne lui ai pas montré !

— Je vois…

Je ne peux réprimer un petit sourire : je me reconnais bien dans cette description…

Mais alors, tout ça c'est de ma faute ?

— Je ne l'exprimerais pas de cette manière, Emma. L'important, c'est de prendre conscience que j'ai ma part de responsabilité dans cette histoire. Et que de manière générale, plus j'arrive à dire à l'autre précisément ce qui se passe pour moi ou ce que j'attends de lui, plus il y a de chances qu'il puisse y répondre de manière adaptée.

— Bien sûr, ça paraît tellement évident ce que vous dites là. Mais je ne sais pas faire, et je me sens tellement envahie parfois par mon émotion que je préfère ne rien dire par peur de la violence de ce qui pourrait sortir de ma bouche.

— Je comprends, et, en effet, quand je suis submergée par mon émotion, c'est difficile d'être juste et modérée dans mes propos. C'est pourquoi nous travaillons ensemble à analyser les raisons de la colère en la rapportant aux valeurs. C'est à la fois ce qui me permet à moi de mieux comprendre mes réactions intérieures, et ce qui me permet ensuite d'exposer à l'autre en quoi je suis mécontente ou blessée par son attitude en étant moins dans l'émotion, en étant plus précise.

— Est-ce que vous pourriez me donner un exemple ?

— Reprenons la remarque de votre père quand il est arrivé hier. Qu'a-t-elle provoqué en vous ? Que vous êtes-vous dit ?

— Que c'était injuste, que j'étais pas en vacances et que j'aimerais qu'il fasse preuve d'un peu plus de respect et de compréhension.

— D'accord, qu'est-ce que ça vous a fait qu'il vous dise ça ?

— Ça m'a blessée, parce que pour moi aussi le travail ça compte beaucoup.

— OK. Comment pourrions-nous imaginer formuler ça sous l'angle des valeurs maintenant que vous les avez bien mises en lumière ?

— Papa ça me blesse quand tu sous-entends que je suis en vacances. Je trouve ça injuste et je te demande de respecter qu'en ce moment c'est difficile pour moi.

— Oui par exemple, c'est très bien ! C'est comment pour vous de vous imaginer lui dire ça de cette manière ?

— Ça me paraît bien difficile pour l'instant. Et, dans le même temps, il me semble que si je le formulais de cette manière, ça pourrait peut-être passer.

— Nous allons y travailler Emma, à faire en sorte que ça devienne possible.

— J'ai l'impression qu'il reste bien du chemin à parcourir, mais si un jour j'y arrive, je pourrai me dire que j'ai bien avancé !
— Oui, quand vous y serez parvenue, vous pourrez être fière de vous. »

On arrive à la fin du rendez-vous, j'ai entendu le patient suivant sonner. J'avais peur de ne pas avoir l'énergie pour reparler de tout ça, mais ça me fait vraiment du bien d'avoir cet éclairage sur les évènements et de prendre de la hauteur. Y'a encore tellement de sujets que j'ai besoin d'aborder avec ma thérapeute : Judith, Jérôme, mes compulsions alimentaires… Notre prochain rendez-vous est prévu dans deux semaines et je ne me vois pas attendre quinze jours de plus pour la revoir. Alors je prends mon courage à deux mains et lui demande : « Est-ce qu'on pourrait se revoir un peu plus vite ? J'ai besoin de vous parler d'autres choses et je ne me sens pas d'attendre quinze jours. »

Elle me regarde d'un air satisfait et me dit avec un franc sourire : « Ça me fait très plaisir Emma que vous osiez me dire ce que vous voulez, je crois que nous sommes sur la bonne voie ! » Nous avançons notre prochain rendez-vous et je me sens étrangement légère, contente et soulagée d'avoir osé exprimer ce dont je ressentais le besoin.

Là, tu dépasses les bornes !

C'est donc quelques jours plus tard que je me retrouve à nouveau dans l'agréable salle d'attente du cabinet de consultation. Depuis plusieurs rendez-vous, j'arrive un peu en avance pour avoir le temps de feuilleter ces ouvrages de développement personnel qui sont à disposition des patients : des romans aux livres plus théoriques abordant des sujets qui me sont encore inconnus, tous ont l'air d'être là pour transmettre un message. Et même si pour l'instant j'en suis restée à la lecture des quatrièmes de couvertures, je trouve ça inspirant.

C'est à moi !

« Bonjour Emma, qu'est-ce qui va mieux ?

— Avec Judith ça va beaucoup mieux ! J'ai appliqué ce que vous m'aviez conseillé : l'accueillir avec sa peur et arrêter de chercher à la rassurer. Juste la prendre dans mes bras et être là, sans chercher à aller à l'encontre de ce qu'elle ressent.

— Et qu'avez-vous observé ?

— Qu'ainsi elle s'apaise beaucoup plus vite.

— Bien, qu'est-ce que ça rend différent ?
— Nos soirées sont plus tranquilles !
— Oui, quoi d'autre ?
— Je crois qu'elle se sent accueillie comme elle est, sans jugement. Comme ça retentit moins sur la vie de famille, nous perdons moins patience et je crois qu'elle se sent moins coupable vis-à-vis de nous.
— Très bien, et pour vous Emma, qu'est-ce que ça rend différent ?
— Je me sens plus utile, beaucoup moins impuissante dans ces moments-là. J'ai l'impression de me positionner de la bonne manière, et ça me redonne confiance en moi de voir que ça marche !
— Emma je vous félicite d'avoir appliqué ce positionnement empathique, et je suis ravie que vous ayez pu en observer les bienfaits !

Je suis un peu gênée par ce compliment, je n'ai pas trop l'habitude qu'on me félicite, mais je vois bien qu'il est sincère et il me fait chaud au cœur. Ça fait du bien de se sentir véritablement soutenue et encouragée !
— Merci. Il y a une autre situation qui m'a laissée perplexe et dont je voulais vous parler. Ça concerne Bastien, et l'empathie vis-à-vis de la

colère. L'autre jour, Judith a fouillé dans son téléphone. Quand il s'en est rendu compte, ça l'a rendu furieux, et pour se venger il a déchiré un des livres préférés de sa sœur. Mon premier réflexe a été de le punir, et puis j'ai repensé à ce que vous m'avez dit, qu'il valait mieux éviter les punitions, et je n'ai plus trop su quoi faire…

— Je vois. Qu'avez-vous ressenti comme émotion quand vous avez appris ce qui s'était passé ?

— J'étais très en colère !

— Pour quelle raison ?

— J'ai trouvé ça injuste qu'il déchire ce livre, et surtout ça m'a beaucoup choquée car je suis très attachée au respect des choses, et des livres en particulier.

— OK. Avez-vous compris la colère de Bastien ?

— Oui bien sûr, il avait des raisons d'être très fâché que sa sœur ait consulté son portable !

— Oui, de quelles valeurs ça parle ?

— De respect, de respect de son intimité. Je comprends tout à fait la colère de Bastien, mais je ne suis pas d'accord avec la manière dont elle s'est exprimée.

— C'est très bien Emma, vous touchez là quelque chose de très important : je peux entendre l'émotion de l'autre, ici comprendre que Bastien est très en colère, et condamner le comportement en lien avec cette émotion, ici que Bastien déchire ce livre. Il est fondamental de distinguer l'émotion et le comportement lié à cette émotion. Car il peut être nécessaire de sanctionner le comportement, et dans le même temps il est crucial de rester dans l'empathie vis-à-vis de l'émotion.

— Je vois, je me suis sentie tellement démunie dans cette situation que je n'ai rien fait. Et ça ne me convient pas, car je ne peux pas laisser ce comportement sans conséquence.

— Bien sûr. Qu'est-ce qui ne vous convient pas dans ce qui s'est passé ?

— D'abord, Judith n'avait pas à fouiller dans le téléphone de son frère, c'est une question de respect.

— Oui en effet, qu'est-ce qui est prévu comme sanctions à la maison quand cette règle est bafouée ?

— Il faut présenter des excuses.

— Très bien. Judith a-t-elle présenté des excuses à son frère ?

— Non, je ne crois pas.

— Même si on est un peu à distance, je pense qu'il est important que vous reveniez sur cet évènement, car souvenez-vous, les sanctions doivent systématiquement être appliquées en cas de manquements aux règles !

— Oui c'est vrai…

— Ensuite, que vous êtes-vous dit suite aux agissements de Bastien ?

— Qu'il fallait qu'il présente des excuses à sa sœur, et puis, j'aimerais bien lui demander de rembourser le livre. J'ai pensé à prendre dans son argent de poche, ou à lui demander d'effectuer certains travaux à la maison pour compenser.

— Pourquoi pas ? C'est une bonne idée ! Si pour vous le respect des choses matérielles est important, ça peut être un bon moyen d'en faire prendre conscience à vos enfants.

— Mais que me conseillez-vous ? Est-ce que je dois l'inclure dans les sanctions ?

— Oui, vous pouvez rajouter cette règle concernant les biens matériels et y assortir cette sanction : que l'enfant participera, à sa mesure bien sûr, au dédommagement financier le cas échéant.

— Merci, j'y vois plus clair maintenant, sur la différence à faire entre émotion et comportement ! »

Je me rends compte en effet que j'avais tendance à confondre émotion et comportement : je remarquais bien qu'en condamnant le comportement je pouvais nier l'émotion, et que ça ne faisait souvent qu'envenimer la situation.

Arrêtez de me dire ce qui est bon pour moi !

Il y a autre chose dont j'aimerais vous parler… J'ai un petit problème avec la nourriture. Pas souvent, mais quand vraiment ça ne va pas, j'ai des sortes de pulsions, c'est plus fort que moi : il faut que je mange, et le problème c'est que j'ai énormément de mal à m'arrêter… Et qu'après, je culpabilise. Je sais tout ça et c'est assez lourd à porter.

Mais ce qui me pèse le plus, c'est que Jérôme s'en est rendu compte et qu'il est tout le temps sur mon dos. Je me sens surveillée et jugée en permanence. Et le problème, c'est que plus il m'en parle, plus ça m'énerve, et plus ça a l'effet inverse !

— Ça me rappelle une autre situation dont vous m'avez parlé la dernière fois…

— Oui c'est sûr, c'est exactement comme quand ma mère me reproche de fumer.

— Oui, pour quelle raison ? Quelles valeurs est-ce que ça vient mettre à mal ?

— Le respect, la liberté, la confiance.

— En effet. Et, qu'aimeriez-vous par rapport à ça ?

— J'aimerais qu'il arrête de s'en mêler !

— OK, à votre avis, qu'est-ce qu'il faudrait pour qu'il arrête de s'en mêler ?

— Que je le lui demande ?

— Oui !

— Mais j'ai peur qu'il le prenne mal. Je sais que s'il dit ça c'est pour mon bien, il sait que je ne me sens pas bien dans mon corps et que je veux perdre du poids.

— D'accord. Ce que je comprends, c'est que quand il vous dit ça, il a une intention positive à votre égard, c'est bien ça ?

— Oui, je sais qu'il le fait pour mon bien.

— Alors c'est important de reconnaître cette intention positive ; de lui dire que ses remarques ont des effets contre-productifs, puisqu'elles vous donnent envie de manger plus ; et de lui demander d'arrêter !

— Je fais comment alors ? Vous pourriez m'aider à formuler les choses ?

— Vous pourriez peut-être le dire plus ou moins comme ça : « Jérôme, je sais que quand tu me fais des remarques sur mes grignotages, c'est pour mon bien, parce que tu veux que je me sente mieux. Le problème, c'est que ça m'énerve parce que je ne me sens pas libre et parce que j'ai l'impression que tu ne me fais pas confiance. Et ça me donne encore plus envie de grignoter. Est-ce que tu voudrais bien arrêter de me faire des remarques et me faire confiance pour m'occuper de ça ? »

— OK. Je vois comment je dois m'y prendre pour éviter qu'il se vexe… »

Sur le chemin du retour, je refais le point sur tous les aspects que nous avons évoqués aujourd'hui. Certains points s'éclaircissent vraiment pour moi, comme cette distinction nécessaire entre émotion et comportement, que j'avais tendance à confondre.

Mais ce qui mobilise l'essentiel de mes pensées tourne autour de cette question de liberté. Je suis en train de me rendre compte que je ne me sens jamais vraiment libre. En tout cas, avec mes parents et avec Jérôme, j'ai régulièrement cette impression qu'ils décident à ma place et guident mes choix. Ce n'est pas rare que j'aie envie de crier : « Laissez-moi tranquille, laissez-moi faire ce que j'ai envie de faire ! », sans en être capable pour autant.

J'ai toujours été passionnée par les fleurs et je voulais travailler dans l'horticulture. En extérieur, planter et regarder pousser, me réjouir de voir les fleurs grandir et s'épanouir. Se parer de couleurs, vives ou pastel, les assembler en bouquets joyeux ou romantiques, j'ai toujours été fascinée par le talent de certains artisans fleuristes, capables de composer des bouquets d'une telle beauté que j'en avais les larmes aux yeux. Mes parents ont déployé force arguments pour me dissuader d'embrasser cette voie professionnelle : c'est trop physique, ça dépend trop des conditions météorologiques, tu peux tout perdre en un rien de temps, et puis... Est-ce un métier d'avenir ?

J'étais jeune, influençable, et surtout bien incapable de tenir tête à mes parents, alors je suis partie ailleurs, vers une voie plus classique, pour trouver un « vrai » métier... Des études de comptabilité, qui m'ont amenée dans plusieurs entreprises, avant que je me rende compte que j'avais besoin de contacts humains et que je trouve cette place au magasin.

Avec Jérôme, j'ai le sentiment que mes initiatives, mes idées ou mes envies sont balayées d'un rapide revers de la main, et ça me pèse. J'ai très envie de prendre des cours de danse de salon, ça aussi c'est quelque chose qui me fait rêver, les couples harmonieux qui se déplacent avec grâce au rythme de la musique. Quand je lui en ai parlé, il a immédiatement discrédité cette idée en me disant : « Tu ne vas quand même pas aller perdre ton temps deux soirs par semaine avec des vieux pour ça ! » Et j'ai renoncé. Pas envie que ça parte en dispute, j'ai cédé. Je suis frustrée, car mon désir est intact, et je lui en veux de me priver de ce dont j'ai envie. Comme de sortir avec Stéphanie de temps en temps, ou de prendre du temps pour moi.

Alors que ma réflexion se poursuit, je prends conscience que dans mes relations amicales ça fonctionne aussi souvent comme ça, c'est rarement moi qui décide. Je pense à Nadège en particulier. Nous sommes amies depuis longtemps. Maman de deux ados, elle est divorcée depuis quelques années et a ses enfants en garde alternée. Maman poule quand elle les a, elle est peu disponible, et la semaine où elle est célibataire, elle sort beaucoup, avec du monde, souvent en discothèque. Quand j'ai besoin de la voir, c'est difficile de la voir seule, elle est souvent très entourée, et notre intimité me manque. L'autre jour j'avais besoin de parler, de tout ce qui est en train de se passer pour moi avec cette thérapie, de toutes ces choses dont je suis en train de prendre conscience. On devait se voir tranquilles chez elle, et dans la journée elle m'a envoyé un message en me disant : « Finalement, on va au resto », m'informant qu'elle avait invité deux autres de ses amies à se joindre à nous. J'étais super déçue, et un peu en colère aussi : c'est sûr que ce n'est pas au resto avec deux filles que je ne connais pas que je vais pouvoir me confier et parler de moi… Je n'avais même plus envie de la voir, mais j'ai bien compris que de toute façon c'était comme ça, que c'était ça ou rien… Là encore, je n'ai pas eu mon mot à dire…

Alors que je pense à tout ça je me sens soudain très seule : au final, qui se soucie de moi, et de ce dont j'ai besoin ?

À la maison j'ai repris les choses avec Bastien au sujet du livre de sa sœur et je suis plutôt fière de moi. Il a compris que je condamne son comportement et quand je lui ai demandé de le rembourser, il a accepté sans rechigner. Je suis à la fois contente d'avoir réussi à faire passer le message et fière que mon fils prenne ses responsabilités. D'ailleurs je le lui ai dit.

Avec les enfants, la relation évolue vraiment dans le bon sens : ils sont plus autonomes et je me rends compte que je peux compter sur eux, ça fait du bien de voir que mes efforts commencent à payer.

Maintenant, il faut que j'évoque avec Jérôme cette histoire de nourriture, mais je n'y arrive pas. Dès que je me dis : « Allez, tu le fais ce soir ! », j'ai la boule au ventre et la gorge qui se noue : « Oui mais il va peut-être mal le prendre ? Et s'il s'énerve ? Je n'ai pas envie qu'on se gâche la soirée pour ça… »

Je sais ce que je vais faire, plutôt que d'en parler comme ça au milieu de rien, je l'aborderai la prochaine fois qu'il me fera une réflexion. La psy m'a dit que je pouvais mettre par écrit ce que je souhaite dire, que ça pouvait aider, alors je prépare mon texte : valider l'intention positive, expliquer les conséquences que ça a sur moi quand il me fait une réflexion, et lui demander d'arrêter. Voilà, ça me parait pas trop mal, je me sens rassurée.

L'occasion se présente assez vite. Ce soir les enfants ont été assez durs et je me sens usée. Ils viennent enfin de monter chacun dans leur chambre et j'ai envie de me poser, avec mon chocolat préféré. Comme si j'avais besoin d'effacer toute la tension de cette soirée, et que le fondant sucré de cette tablette noire allait m'apporter cet apaisement dont je rêve. Je commence à savourer le premier carré, et la saveur douce et corsée me fait du bien, calme mon agitation intérieure. Je commence juste à me remettre de cette soirée quand Jérôme arrive à la cuisine en me disant d'un ton plein de reproches : « Encore du chocolat ? T'es sûre que c'est une bonne idée ? » Tout de suite mon ventre se serre, tout de suite ma tête voudrait répondre : « Mais de quoi je me mêle ? » Cette fois-ci il ne faut pas laisser passer, je dois réagir. Après un petit temps de réflexion, je rassemble mes idées, me souviens de ce que j'ai écrit sur mon brouillon et formule à Jérôme mon souhait qu'il cesse ses remarques sur la nourriture.

D'abord un peu surpris par ma réaction, il me répète que tout ça c'est pour mon bien, et quand j'évoque les notions de confiance et de liberté, il semble mieux entendre ce dont je parle et me répond : « OK, je pensais pas que ça te renvoyait des choses si négatives, je vais essayer de faire attention et de te laisser libre de mener les choses comme tu l'entends. C'est juste que parfois, ça m'inquiète de te voir te réfugier dans la nourriture. »

Ouf, je me sens tellement soulagée d'avoir pu en parler enfin… J'ai l'impression qu'il a compris, et moi je me sens super fière de moi d'avoir osé aborder le sujet. Je ressens comme une énergie dans ma poitrine qui vient me dire : « C'est bien, continue comme ça ! »

Pourquoi j'ai l'impression de jamais être moi-même ?

« Alors Emma, qu'est-ce qui va mieux ?
— J'ai parlé à Jérôme de la nourriture !
— Racontez-moi !

J'expose le contexte dans lequel ça s'est passé, et la manière dont je m'y suis prise, et elle me félicite :

Bravo Emma, c'est tout à fait ça ! Dites-moi, qu'est-ce que ça a changé pour vous d'avoir pu dire les choses ?
— Eh bien, ça m'a soulagée !
— Oui, et qu'est-ce que ça a rendu différent de vous sentir soulagée ?
— Je n'ai pas passé la soirée à ruminer que j'étais nulle et que je le laissais encore me dicter ma conduite…
— Oui en effet, de quelle émotion vous êtes-vous libérée ?
— De la colère contre moi-même je crois.
— Oui c'est tout à fait ça : quand je dis ce que j'ai à dire, je ne suis plus en train de m'en vouloir

de ne pas l'avoir dit ! Et ça fait une grande différence !

— Je vous le confirme, je me suis endormie très vite sans me prendre la tête.

— Très bien. Qu'avez-vous remarqué d'autre ?

— Que je me suis sentie fière de moi !

— Oui, quoi d'autre encore ?

— Hum, maintenant que vous me posez la question, je crois bien que j'ai rangé le chocolat sans aucune frustration, comme si je n'en avais plus besoin. D'ailleurs, je ne m'en étais même pas rendu compte, je n'ai pas regrignoté depuis…

— Intéressant… Et qu'avez-vous observé chez Jérôme ?

— Je crois qu'il a été surpris, que peut-être il ne se rendait pas compte de l'impact que ça avait sur moi.

— Oui, quoi d'autre ?

— Ben, pas grand-chose, il m'a dit OK je vais faire un effort et c'en est resté là. Et j'avoue que depuis, il a respecté son engagement et ne fait plus de remarques.

— D'accord, donc si j'entends bien, dire ce que vous aviez sur le cœur n'a pas eu de conséquences négatives et ça vous a fait du bien, c'est bien ça ?

— Bien oui, je crois qu'on peut dire ça. Pourtant, qu'est-ce que j'avais peur de sa réaction…

— Emma vous venez de faire l'expérience de l'autonomie relationnelle et c'est ce dont je voulais vous parler aujourd'hui.

— L'autonomie relationnelle ? Mais, de quoi s'agit-il ?

— On pourrait dire que l'autonomie relationnelle est la caractéristique d'une relation qui fonctionne bien, et elle se définit par l'expérience de la liberté dans la relation.

— Comment ça ? Vous pouvez m'expliquer ?

— Dans une relation qui fonctionne bien, je suis libre d'être qui je suis, c'est-à-dire de dire ce que je pense, ce que je ressens, ce dont j'ai envie, ce avec quoi je ne suis pas d'accord, sans que ça remette en cause la relation, sans que ça la mette en péril.

— Je vois.

— On peut observer deux dérives par rapport à cette autonomie relationnelle. La première, qui est je pense la plus fréquente, est celle où je me prive de ma liberté pour être en relation avec l'autre. C'est très fréquent par exemple dans les jeunes couples, où le jeune homme qui sortait beaucoup avec ses amis va décider de rester plus avec sa compagne, renoncer à certaines sorties entre copains, et c'est souvent tout à fait consenti au début de la relation. Parfois au bout d'un certain temps cet homme va ressentir un manque, une solitude, de ne plus aller voir les matchs entre amis, de ne plus prendre le temps d'aller boire une bière après le travail. Mais ne va pas oser l'exprimer, de peur que sa femme le prenne mal, parce qu'il doit s'occuper des enfants, parce qu'il ne veut pas passer pour un égoïste. Et ça va commencer à lui peser.

— Je vois, je me reconnais bien dans cette description… Comme quand j'ai renoncé à ces cours de danse alors que pourtant ça me tenait à cœur.

— Qu'est-ce qui fait que vous y avez renoncé ?

— Je ne voulais pas aller au conflit pour ça…

— Bien sûr, et c'est la raison principale pour laquelle on ne dit pas : je ne veux pas d'histoire, je veux pas qu'on s'engueule pour ça. Si je ne dis pas, c'est pour préserver la relation.

Alors oui, en effet, ça la préserve, en apparence, il n'y a pas de conflit. Mais que se passe-t-il intérieurement ? Je commence à en vouloir à l'autre, je le rends responsable du fait que je ne peux pas faire ce dont j'ai envie, et

même sans esclandre, la relation s'alourdit de rancœur et s'abîme.
— Je comprends. Je crois que c'est vraiment ce qui est en train de se passer avec Nadège. Aujourd'hui je n'ai même plus envie de la voir.
— Oui, le risque c'est la fin de la relation, c'est la rupture : je ne me retrouve tellement plus dans cette relation que j'ai envie d'y mettre fin. Alors que je ne voulais pas l'abîmer, que je voulais la préserver et que c'est pour ça que je n'ai rien dit…
— Au final il se produit ce que je voulais éviter…
— Oui c'est ce qui peut arriver. Ce qui est très important dans ce qui s'est passé quand vous avez parlé à votre mari, c'est que vous avez fait une expérience d'autonomie relationnelle. Vous avez dit, et il n'y a pas eu de conflit. Il a entendu, et s'il tient son engagement de vous faire confiance à ce sujet, vous n'aurez plus à lui en vouloir de vous priver de liberté. Vous ne vous en voulez plus non plus à vous-même de ne pas réagir. Tout le monde est gagnant !
— Je comprends… En fait parfois on s'inquiète pour rien ? Je redoutais sa réaction, qu'il se mette en colère, mais il ne s'est rien passé !

— Bien souvent en effet ce sont nos peurs, nos croyances, qui font que l'on s'autocensure. Je pense aussi que la manière de dire les choses compte beaucoup. Et c'est certainement parce que vous l'avez dit avec les bons mots que ça s'est bien passé : sans être dans le reproche, en montrant bien que vous perceviez ses intentions positives, en expliquant ce que ça provoquait en vous, et en parlant des valeurs.

— Oui je me rends bien compte que savoir dire fait toute la différence…

J'ai une question : quelle est l'autre dérive par rapport à l'autonomie relationnelle ?

— L'autre dérive que l'on peut observer chez certaines personnes c'est : ma liberté d'abord et avant tout, quelles que soient les conséquences pour la relation.

— Vous pouvez me donner un exemple ?

— Si l'on reprend le jeune couple de tout à l'heure, on pourrait imaginer que le jeune homme dise à sa compagne : le plus important pour moi c'est d'être avec mes potes, d'aller au stade, de prendre des pots, sous-entendu c'est comme ça et c'est pas autrement, à toi de voir si tu t'en accommodes ! La liberté prend le pas sur la relation, et ça peut évidemment être compliqué de construire une relation sur cette base. En tout cas, on n'est pas dans l'autonomie relationnelle !

— Je comprends mieux maintenant. Une chose me paraît évidente, c'est que je me mets souvent en retrait pour préserver la relation. Et je crois bien que je ne veux plus de ça.

— Alors ce que je vais vous proposer d'ici la prochaine fois si vous êtes d'accord, c'est d'observer vos différentes relations sous l'angle de l'autonomie relationnelle : comment suis-je en relation avec untel ou untel ? Suis-je moi-même et libre dans la relation ? Ou suis-je contrainte ? Dois-je jouer un rôle ou adopter une certaine posture avec cette personne pour être acceptée et ne pas être rejetée ? Ou bien m'accepte-t-elle comme je suis, avec mes failles et mes faiblesses ?

— Je veux bien, mais je vous avoue que j'ai un peu peur de ce que je vais découvrir…

— Je comprends, Emma, vous avez le droit d'avoir peur… »

Pendant quelques jours j'observe à la loupe mes relations et le résultat vient confirmer ce que j'avais pressenti lors de la dernière consultation.

Avec Sabine, qui a beau être ma sœur, pas d'autonomie relationnelle : si je ne réponds pas à ses demandes et à ses attentes, elle s'énerve et coupe court, comme l'autre jour, où elle m'a raccroché au nez. Comme si la relation était conditionnée au fait que je m'exécute sans rechigner…

Avec plusieurs de mes amies je retrouve le même fonctionnement, je suis la gentille copine qui ne dit jamais rien, c'est sûr que ça doit être confortable pour elles. Mais pourquoi est-ce toujours l'avis des autres qui est pris en compte ? Pourquoi ce sont toujours les mêmes dont les idées sont retenues ? J'ai pourtant bien essayé parfois d'imposer mes envies ou mon point de vue, mais j'ai l'impression de ne pas être entendue. Je me rends compte de combien tout ça me pèse, j'ai l'impression que mes rapports avec les autres sont déséquilibrés.

Au travail c'est pareil, j'ai tellement peur du conflit et de ses conséquences que je m'écrase. Elsa a bien souvent dépassé les bornes et j'ai systématiquement fait le dos rond et pris sur moi pour que ça ne dégénère pas.

Pour mon mari, les apparences comptent beaucoup, et je me suis souvent sentie contrainte à faire semblant, à faire bonne figure alors qu'à l'intérieur ça n'allait pas. Comme à son anniversaire. Ou quand on est chez ses parents, qui ne cachent pas leur mépris quant à mon « petit » métier.

Quant à mes parents à moi, n'en parlons pas… À trente-huit ans j'ai toujours l'impression d'être une gamine qui n'a pas son mot à dire.

Oui, le constat est tranché, je n'ai pas l'expérience de l'autonomie relationnelle. Ça me fait envie c'est sûr, mais je m'en sens tellement loin…

Je fais toujours passer le bien-être de l'autre avant le mien. Je pensais que c'était un de mes traits de caractère mais je me rends compte que c'est la peur qui dicte ma conduite, la peur de décevoir l'autre et qu'il se détourne de moi, la peur qu'il se fâche et d'avoir à affronter son courroux. Oui, j'ai toujours fonctionné comme ça, et je ne sais pas faire autrement…

Il n'y a bien qu'avec Stéphanie que je me sens libre de tout dire et d'être moi sans craindre d'être jugée ou rejetée. Est-ce que ça tient à elle ? À moi ? Ou à cette confiance et à ce respect réciproques qui nous lient ?

J'aimerais pouvoir dire à ma sœur que son comportement est immature et que ça ne se fait pas de raccrocher au nez des gens quand ils ne vont pas dans votre sens,

J'aimerais pouvoir dire à Nadège que j'ai besoin qu'on se voie juste toutes les deux parce que j'ai des choses importantes à lui dire,

J'aimerais pouvoir dire à mes beaux-parents que je me sens humiliée quand ils méprisent mon travail,

J'aimerais demander à ma mère d'arrêter de me faire la morale quand je fume,

J'aimerais être capable quand je reprendrai le travail de fixer des limites et de ne plus me faire marcher sur les pieds par Elsa…

Je me rends compte que j'en ai, des choses sur le cœur, qu'il y en a des choses que j'ai envie et besoin de dire. Prochaine séance, je demande à la thérapeute comment faire. Je sens bien que tous ces non-dits m'encombrent et prennent toute la place.

Il faut que je leur dise…

Nous y voilà, et c'est déterminée que je me rends à mon rendez-vous ce matin.
« Bonjour Emma, alors, qu'est-ce qui va mieux ?
— J'ai observé comme vous me l'aviez proposé mes différentes relations et je crois qu'il n'y a qu'avec Stéphanie ma collègue que je suis dans l'autonomie relationnelle. Dans toutes mes autres relations je suis effacée, toujours à me préoccuper de ce que l'autre attend de moi et à essayer de m'y conformer ; prête à renoncer à ce que je désire moi pour satisfaire l'autre. Je crois tout simplement que je n'ai jamais eu l'occasion d'apprendre à être libre et en relation… Il faudra que je vous parle de mon enfance, de ma famille, ça explique peut-être certaines choses…
— Oui vous avez raison, bien souvent ce sont les expériences relationnelles que nous vivons dès notre plus jeune âge qui conditionnent toutes les autres.
— Mais… Est-ce qu'on peut apprendre à faire autrement ?

— Oui on peut, et c'est déjà ce qui est à l'œuvre depuis que nous travaillons ensemble : vous avez pu dire à Jérôme et aux enfants que ce qui se passait avec le linge sale ne vous convenait pas, vous avez, en accord avec vos valeurs, changé les règles du jeu, et tout s'est bien passé. Vous avez demandé à votre mari d'arrêter d'intervenir sur votre relation à la nourriture et il vous a entendue. Ce sont déjà des expériences d'autonomie dans la relation : mes enfants ne me renient pas parce que je leur demande de mettre leurs habits sales au sale, mon mari ne me quitte pas quand je lui demande de me faire confiance et de me laisser libre de gérer les choses à ma façon en ce qui concerne mon alimentation.

— Oui c'est vrai, je m'en rends compte. La dernière fois, vous m'avez dit que c'était parce que j'avais dit les choses de la bonne manière qu'elles avaient été entendues. Est-ce qu'on pourrait reprendre ça aujourd'hui ? Parce que, bien souvent, si je ne dis pas, c'est par peur de ne pas dire comme il faudrait.

— Bien sûr, c'est très fréquent : j'ai quelque chose à dire mais je ne sais pas comment le formuler. Souvent je suis dans l'émotion et je redoute, si je m'exprime là maintenant, que mes mots dépassent ma pensée, de blesser l'autre et de le regretter. Donc je préfère ne rien dire.

— Oui, c'est tout à fait ça… Mais du coup ça n'est pas dit, et ça tourne en boucle. Je m'en veux d'être faible, de ne pas être capable de m'affirmer, et rien ne bouge…

— En effet ! Il y a trois manières de se positionner dans la communication : deux sont naturelles, et la troisième l'est moins et doit être apprise.

Les deux modes « naturels » sont le mode passif et le mode agressif. Caricaturalement, certaines personnes ne disent jamais rien et d'autres s'énervent tout le temps.

Commençons par le mode agressif : quand ça ne me convient pas je le dis, mais de manière un peu abrupte. Pour moi c'est confortable, puisqu'une fois que c'est dit c'est dit. Je ne l'ai plus sur le cœur et je peux passer à autre chose. Mais souvent ça sort sans filtre, et pour celui qui est en face, ça peut être un peu dur à entendre. En résumé, pour moi ça va, mais pour la relation ça peut être un peu compliqué. Vous connaissez peut-être des gens qui s'énervent en permanence et sont très agressifs, il n'est pas très facile d'être en lien avec eux, car on ne sait jamais trop à quoi s'attendre.

— Oui je confirme, je crois bien que ma chef Elsa doit faire partie de cette catégorie de gens : elle ne prend pas de pincettes et ce n'est pas facile de se trouver en face !

— Le mode passif, lui, vient parler des gens qui ne disent pas. Ce sont des gens qui sont plutôt faciles à vivre, puisqu'ils ne râlent pas, et avec qui il est confortable d'être en relation.

Pour autant, et vous venez de l'exprimer très bien, ce n'est pas parce que je ne dis rien que ça va ! Au contraire ! Parce que tout ce que je ne dis pas reste à l'intérieur.

Et ça s'entasse, et ça se remplit, jusqu'au jour où c'est plein à ras bord. On parle de la goutte d'eau qui fait déborder le vase, et c'est souvent ce qui se passe, parfois pour une petite chose de rien du tout ça sort, ça se déverse, et là en effet souvent c'est trop fort, trop vite, mes mots dépassent ma pensée et je regrette.

Parfois aussi je ne dis toujours pas, et c'est mon corps qui va parler à ma place, en générant des symptômes : je n'arrive plus à dormir, j'ai mal au dos par exemple. Mon corps va tenter de m'alerter sur le fait que ça ne va pas, que ça ne peut pas continuer comme ça. Parfois je suis trop « le nez dans le guidon » pour me rendre compte de quoi que ce soit, je n'entends pas ce que mon corps essaie de me dire et c'est là qu'arrive l'arrêt sur image, d'un coup tout s'arrête, trop c'est trop, je ne peux plus, c'est le burn-out.

— C'est exactement ce qui m'est arrivé, et aujourd'hui je me demande comment j'ai pu ne pas me rendre compte de tous ces signaux d'alarme que mon corps m'avait bel et bien envoyés, mais que je n'ai pas su entendre ou interpréter : j'avais la boule au ventre en permanence, je ne dormais plus. Mais il a fallu que tout s'arrête là sur le parking du centre commercial pour que j'ouvre enfin les yeux…

— C'est vrai que ça fait mal au cœur de se rendre compte de notre aveuglement. Pour autant, j'aime à penser qu'il faut parfois en arriver là pour que nos yeux s'ouvrent, et que tout peut changer alors, car avec les yeux ouverts, on peut voir !

— Je prends bien conscience en vous écoutant des risques auxquels on s'expose en ne disant pas, mais si je ne dis pas c'est parce que je ne sais pas dire !

— Bien sûr, c'est toujours ça qui fait qu'on ne dit pas : comme je ne sais pas dire, j'ai peur d'être maladroite, que l'autre le prenne mal, donc je m'abstiens. D'où l'enjeu d'apprendre à dire les choses de la bonne manière, pour pouvoir les dire ! Et c'est l'objet de la communication affirmée.

— Oui, c'est ça dont j'ai envie, de réussir à m'affirmer !

— Le mode de communication affirmé part de faits précis, de ce qu'ils ont eu comme conséquence pour moi, et expose ce que je souhaite à l'avenir. Il est impératif de se baser sur des éléments concrets, et de parler de soi, c'est-à-dire de ce qu'on a ressenti, de ce que la situation a provoqué en nous, de ce dont on a besoin. Je dis ce qui se passe pour moi. Et ça ne peut pas être remis en question, puisque ça ne concerne que moi.

— Pourriez-vous me donner un exemple ?

— Oui, à partir de quelle situation ?

— J'aimerais bien revenir à ce qui se passe avec Nadège, ça me pèse qu'elle ne soit pas disponible pour moi, surtout en ce moment où j'aurais besoin d'elle, et où ça me saoule tellement qu'il y ait toujours ses copines avec nous que je n'ai même plus envie de participer à ses soirées.

— D'accord. Que ressentez-vous par rapport à cette situation ?

— Je lui en veux de pas être là pour moi, et ça me manque surtout de ne plus pouvoir me confier.

— D'accord. Et que souhaitez-vous ?

— J'aimerais qu'on se prenne une soirée rien que toutes les deux pour se retrouver.

— Bien. Comment pourriez-vous formuler les choses en parlant de vous ?

— Nadège j'ai besoin de te voir rien que toi pour discuter, est-ce qu'on peut se prévoir une soirée toutes les deux ?

— Oui c'est très bien !

— Même si je ne parle pas des faits récents et de ce que je ressens par rapport aux dernières fois où on s'est vues ?

— Tout dépend de ce que vous voulez faire passer comme message : si votre objectif est qu'elle vous consacre une soirée, vous avez exprimé votre besoin de manière très épurée et ça peut être suffisant.

Imaginons maintenant que votre objectif soit qu'elle prenne conscience des conséquences que son comportement a eues sur vous, comment pourriez-vous formuler les choses ?

— C'est plus compliqué.

— Oui c'est vrai, parce que ça vient parler de votre émotion et de la relation.

— Je ne vois pas trop comment je pourrais aborder les choses…

— Qu'a provoqué chez vous son attitude récente à votre égard ?

— J'ai eu l'impression de ne pas compter, j'en suis venue à douter de notre amitié.

— OK, de quoi avez-vous besoin ?

— J'aurais besoin de savoir si je peux toujours compter sur elle.

— Alors, comment pourriez-vous vous y prendre ?

— Nadège je voulais te dire que les dernières fois qu'on s'est vues, le fait qu'il y ait d'autres filles avec nous a fait que je n'ai pas pu me confier à toi. Qu'on soit toujours avec d'autres me donne l'impression de ne plus compter, ça me manque nos moments toutes les deux. Ça me ferait plaisir qu'on prenne du temps rien que nous deux, j'ai plein de choses à te raconter.

— Oui c'est très bien, vous parlez de faits précis, de ce que vous avez ressenti, et exprimez ce dont vous avez besoin, c'est ça !

— Mais, vous pensez qu'elle va comprendre ? Comment est-ce qu'elle peut réagir si je lui dis ça ?

— Ce qu'il est important d'avoir présent à l'esprit, c'est que l'enjeu principal de dire les choses est de les avoir dites. Pour ne pas m'en vouloir et ruminer de ne pas les avoir dites. De me libérer ainsi de la colère contre moi-même que j'aurais pu avoir à ne rien dire.

La manière dont l'autre va réagir est secondaire, mais peut m'apporter de précieuses informations.

Dans une relation saine, où on est dans l'autonomie relationnelle, l'idée est que l'autre, en entendant ce que je lui dis, puisse prendre conscience des conséquences de ses agissements sur moi et en quelque sorte rectifie le tir, se réajuste. Mais ça, c'est la cerise sur le gâteau, et il est important d'être lucide sur ce point : l'enjeu principal de l'affirmation de soi n'est pas que l'autre comprenne, me demande pardon, ou change, mais bien d'avoir dit ce que j'avais sur le cœur.

Pour autant, ce que je vais observer de sa réaction va être intéressant pour moi.

Dans notre exemple, on pourrait imaginer que Nadège vous réponde : « Ah désolée Emma, je me suis laissée emporter. C'est vrai qu'en ce moment, la semaine où j'ai pas les enfants, j'ai besoin d'être entourée et de voir beaucoup de monde. Je ne m'étais pas rendu compte que ça pouvait te peser et te manquer notre intimité. J'essaierai de faire plus attention et oui, bien sûr, on se prend un moment toutes les deux quand tu veux ! » Là, ce qu'elle vous dit c'est qu'elle a reçu le message, et elle vous réaffirme que vous pouvez compter sur elle.

Mais on pourrait aussi imaginer qu'elle réponde : « Ah la la qu'est-ce que t'es compliquée ! En ce moment, moi ce dont j'ai besoin, c'est de me vider la tête et de faire la fête ! » Là, elle a entendu ce que vous avez dit, mais n'est visiblement pas prête à se remettre en question. En résumé c'est à prendre ou à laisser. C'est de votre responsabilité maintenant de vous positionner par rapport à cette relation : est-ce que c'est OK pour vous, ou pas ?

Quoi qu'il en soit, la réaction de l'autre vous apporte de précieuses informations sur la relation !

— Mais, alors, je prends le risque que certaines relations s'arrêtent ?

— Je dirais que vous ouvrez les yeux sur ce qui ne vous convient pas, et que vous prenez le risque d'aller voir ce qu'il y a derrière.

Il est possible en effet que je me rende compte que certaines de mes relations se sont construites sur mon ancien mode de communication, passif. Et que certaines personnes m'apprécient justement parce que je suis dans cette posture, de la fille « gentille », « pas contrariante ». Et que si je commence à m'affirmer, ces personnes ne s'y retrouvent plus, ou qu'elles ne soient pas prêtes à bouger pour trouver avec moi un nouvel équilibre relationnel. Libre à moi alors de voir quelle suite je veux donner à cette histoire !

Il est aussi possible que cette démarche me révèle de bonnes surprises et que la relation ait alors la chance d'évoluer vers l'autonomie relationnelle.

— Je vois, d'une certaine manière ça permet de faire le tri !

— On peut voir ça comme ça ! La possibilité d'entrer en relation d'une manière différente avec certains, et de me libérer de relations contraintes où je ne peux faire l'expérience de la liberté.

— Ce que vous me dites m'effraie un peu. Et en même temps, à quoi bon rester dans des relations qui ne me conviennent pas ou sont néfastes pour moi ?

— Oui, il est vraiment question là de respect de vous-même et de liberté.

— On pourra parler de ma sœur et de mes parents une prochaine fois ? Parce que ces relations-là, même si elles nous font du mal, on est bien obligés de les maintenir, non ?

— D'accord, nous en parlerons. D'ici là, si vous êtes partante, je vais vous inviter à faire quelques expériences d'affirmation de vous et à observer ce qui va se passer pour vous, ainsi que ce qui va se passer chez l'autre. Qu'est-ce que vous en pensez ?

— C'est d'accord, je veux bien essayer.

— J'aimerais vous suggérer aussi, à partir d'aujourd'hui, un travail d'observation de ce qui va bien, de ce qui va dans le bon sens.

— Comment ça ?

— Je vais vous proposer de choisir un petit carnet que vous trouvez joli, qui vous inspire, qui deviendra le carnet de la confiance, ou de la liberté, ou de la nouvelle Emma, vous pouvez le baptiser à votre guise. Et sur ce carnet, chaque jour, vous allez noter ce qui est différent, ce que vous avez réussi à faire alors que vous ne vous en seriez jamais crue capable, ce dont vous êtes fière. Il s'agit d'un vrai travail, car nous ne sommes pas habitués à voir ce qui va bien ! Et je veux bien que vous me rameniez ce carnet la prochaine fois ! »

L'idée de ce carnet me plaît bien, et je pense que ça va m'inciter à passer à l'action pour avoir des choses à y inscrire. Je suis un peu stressée, et dans le même temps impatiente de faire l'expérience de l'affirmation de moi et d'observer ce que ça va donner.

Aujourd'hui, je suis fière de ça

Ce rendez-vous m'a demandé beaucoup d'énergie et j'ai envie de me faire un petit plaisir. Alors, avant de rentrer à la maison, je m'arrête à la boulangerie et m'achète un pain au chocolat. Ça fait partie des choses que je m'autorise très rarement, mais là j'en ai envie et je l'assume.

Je m'installe tranquillement dans mon salon avec un petit café, l'eau à la bouche, en me disant que je pourrai faire figurer dans mon carnet ce petit plaisir que je me suis octroyé.

Mais là, brutale désillusion, je me rends compte que la viennoiserie est terne, compacte, sèche. À coup sûr on m'a refilé un invendu d'hier, c'est pas possible, pour une fois que je m'offre un pain au chocolat… La colère m'envahit sans détour : « Ils abusent, c'est pas du tout correct de te vendre les produits de la veille, c'est sûr elle s'est bien gardée de me le dire ! Ce n'était pas la vendeuse habituelle, elle en a profité pour me refiler ses fonds de tiroir, non vraiment je suis dégoûtée, si c'est comme ça je vais changer de boulangerie ! »

Ça fait plus de vingt minutes que je tourne en boucle avec toutes ces pensées mais rien ne s'apaise, je suis vraiment très en colère. La thérapeute m'a dit que dans ces moments-là, quand je me sens envahie, je peux continuer à écrire ma colère.

Bon, je n'ai pas grand-chose à perdre de toute façon, j'attrape une feuille et j'écris : je n'en reviens pas, c'est pas du tout pro, j'ai l'impression de m'être fait avoir ! J'essaie de déceler les valeurs qui ont été heurtées : respect du client, honnêteté (dans certaines boulangeries, ils vendent les produits de la veille à prix réduit mais on est au courant !), confiance (je suis une fidèle cliente de cette boulangerie, oui, là je me sens méprisée et trahie), et puis sérieux, conscience professionnelle. OK, ça fait pas mal de valeurs.

J'entends la voix de ma thérapeute quand elle me demande : « Êtes-vous en colère contre quelqu'un d'autre ? » Oui, je suis en colère contre moi-même d'être en train de me dire que je vais devoir changer de boulangerie parce qu'ils m'ont vendu de la marchandise rance, alors que j'adore leur pain, et que je n'ai pas du tout envie de changer de boulanger ! En colère d'être là à ruminer dans mon coin alors qu'il faudrait aller mettre les choses à plat.

Passé mon gros désappointement, je comprends que j'ai devant moi l'occasion rêvée de mettre en pratique les enseignements de la séance. J'ai le cœur qui bat fort et la poitrine serrée, mais je prends mon courage à deux mains : c'est décidé, je vais aller dire à la boulangère que je ne suis pas contente. Pour ne pas être trop dans l'agressivité, je prépare mon texte et j'y retourne. J'ai la bouche un peu sèche et les jambes qui tremblent, je m'arrange pour attendre que la boutique soit vide et je me lance :

« Je voulais vous dire : je suis passée tout à l'heure acheter un pain au chocolat et, arrivée chez moi, je me suis rendu compte qu'il n'était pas frais. Je ne vous cache pas que ça m'a beaucoup contrariée, je trouve que ça n'est pas très honnête de la part de votre vendeuse, ni très respectueux vis-à-vis de vos clients.

Le visage de la boulangère se décompose et tout de suite elle se confond en excuses :
— Je comprends que ça vous ait contrariée, je comprends pas ce qui s'est passé, nous avons très

à cœur que nos clients soient satisfaits de nos produits, je vais reprendre ça avec la nouvelle vendeuse, vraiment je vous présente mes plus plates excuses : souhaitez-vous que je vous rembourse ? Ou que je vous le remplace ?

— Je préfère que vous me remboursiez, pour tout vous dire je n'en ai plus très envie…

— Je comprends, je suis désolée, mais vous avez vraiment bien fait de venir m'en parler, ça va nous éviter que ça se reproduise !

— Oui, je suis contente moi aussi d'être venue, je n'avais pas envie de garder ça sur le cœur… »

Une fois sur le trottoir, je pousse un grand soupir de soulagement et je souris intérieurement : « Je l'ai fait ! J'ai réussi ! »

Je suis très fière de moi. Il y a quelques semaines je n'aurais pas été capable de ça, et j'aurais certainement changé de boulangerie ! Je repense à ce que m'a dit la thérapeute, un des risques du manque d'affirmation c'est la rupture, et je constate qu'en effet c'est bien ce qui aurait pu arriver.

Ça m'a demandé une énergie énorme mais je me sens soulagée d'un poids. Comme si, maintenant que c'était dit, je pouvais passer à autre chose.

Ce qui m'a fait du bien aussi c'est de constater que ma boulangère semble partager les mêmes valeurs que moi, qu'elle a à cœur de faire du bon travail et que ses clients soient satisfaits. Elle m'a en quelque sorte réaffirmé son engagement dans son travail et ça, pour moi ça a beaucoup de valeur.

Assurément, cette expérience sera la première que je détaillerai dans mon carnet !

Je veux rester sur ma lancée, et conforter cette expérience, alors je me rends attentive à ces choses que j'aurais aimé dire ou faire sans pour autant passer à l'acte.

Il y a cette robe que dans un moment de doute j'ai achetée et que je n'ai pas sortie de son emballage. Dans le magasin déjà j'ai beaucoup hésité, je n'étais pas sûre qu'elle me mette en valeur, pas sûre de m'y sentir à l'aise, pas sûre que ce soit mon style. La vendeuse à qui j'ai eu affaire s'est montrée un peu insistante, *mais si mais si elle vous va vraiment bien* ! À peine m'étais-je décidée que je le regrettais déjà, je ne la mettrais jamais, c'est ridicule d'encombrer ses placards de vêtements qu'on ne porte pas. Je m'en voulais de n'avoir pas su tenir tête à cette vendeuse - j'avais l'impression d'avoir été manipulée - et d'avoir maintenant cette robe sur les bras. Je m'étais bien dit : « *Tu n'as qu'à la ramener, après tout, y'en a plein des clientes qui ramènent leurs chaussures parce qu'elles ont changé d'avis, ou que finalement elles ne vont pas avec leur tenue. On a le droit à l'erreur.* » Et tout de suite dans ma tête d'autres pensées m'en avaient empêchée : « *Mais non ça ne se fait pas, maintenant tu assumes ! Qu'est-ce qu'elle va penser de toi, que tu changes d'avis comme de chemise ? Tu n'as à t'en prendre qu'à toi-même.* »

Mais comment le simple fait de voir le sac en papier de la boutique me met-il dans un tel état ?

Je crois bien que voilà mon deuxième défi, il faut que j'aille me la faire rembourser, je ne peux pas continuer à ruminer cette histoire pendant des jours.

Dans la voiture, le cœur battant, je prépare mon texte, répète mes phrases, et devant la vendeuse je dis simplement :

« Je vous ramène cette robe, c'est pour un remboursement.

— Très bien. Vous avez le ticket de caisse et la robe n'a pas été portée, vous pouvez insérer votre carte bleue pour le remboursement. »

Je n'en reviens pas… Est-ce si facile ?… Je me sens plus légère - cette robe était une erreur - et soulagée d'avoir pu récupérer ces quatre-vingts euros ! Je m'empresse en rentrant de noter cette nouvelle victoire dans mon carnet : j'ai réussi à me faire rembourser ma robe !

Jour après jour, mon joli carnet se remplit d'expériences, petites ou plus impressionnantes, d'observations qui témoignent que bien des choses de mon quotidien ont changé :

Bastien a lancé une machine avec les maillots de foot de l'équipe et les a étendus,

Depuis que j'ai mis en place la règle du respect matériel, aucun nouveau dégât n'est à déplorer,

J'ai eu envie d'aller faire un tour en fin de journée et je leur ai dit à tous les trois : « Pendant ce temps, vous préparez le repas ! » et tout était prêt quand je suis revenue.

En écrivant ces lignes je me rends compte que je m'autorise désormais certaines choses que je m'interdisais : passer une soirée avec une amie, aller me balader quand j'en ressens le besoin, demander un coup de main, déléguer certaines tâches. Je me sens plus à l'écoute de moi et de mes envies, et c'est plutôt agréable… Et je remarque qu'à la maison, ils assurent ! Ça me réconforte aussi de voir qu'ils sont capables, que je peux compter sur eux. Eh oui, quand j'arrête de faire, je laisse la possibilité aux autres de faire. Comme je suis moins surmenée et plus détendue, ça se passe beaucoup mieux à la maison. On retrouve des moments de complicité tous les quatre. Je félicite leurs initiatives et je sens que ça leur fait du bien que je leur renvoie une image positive d'eux-mêmes.

C'est dans ce contexte apaisé qu'arrive la date anniversaire de notre rencontre avec Jérôme. Nous avons l'habitude de nous offrir chaque année un dîner au restaurant pour l'occasion. Il me suggère une nouvelle adresse, un établissement dont il a eu de bons échos, et je valide.

L'ambiance intime et tamisée me met un peu mal à l'aise, j'ai l'impression qu'on s'est un peu perdus tous les deux.

J'avais vingt ans quand on s'est rencontrés. On n'était pas du même milieu, mais son ambition, son engagement, son énergie à vivre m'avaient séduite. Je ne sais pas ce qu'il m'avait trouvé à moi, il m'a toujours dit qu'il avait su tout de suite que je serais la femme de sa vie, sans être pour autant en mesure de m'en dire plus. Quoi qu'il en soit, notre union n'avait pas réjoui ses parents, loin de là, une secrétaire comptable au bras de leur fils ingénieur, ils aspiraient à mieux.

Dans cette famille je me suis toujours sentie prise de haut, et mon choix de travailler dans le commerce après mes mauvaises expériences en entreprise n'a fait que les conforter dans leur croyance que je manquais d'ambition. En leur présence, j'ai toujours l'impression de ne pas être à la hauteur.

Jérôme a souvent banalisé leur attitude à mon égard : « *Tu les connais ils sont comme ça, mais ça n'est pas contre toi.* » Ne me sentant pas soutenue, c'est devenu pour moi une épreuve de côtoyer mes beaux-parents. Je ne supporte plus leurs remarques désobligeantes.

Quant à mon mari depuis presque vingt ans, ce que j'avais admiré en lui aujourd'hui me pèse. J'ai le sentiment qu'il s'est beaucoup reposé sur moi pour pouvoir s'épanouir et faire ce qu'il voulait dans la vie. S'investir à fond dans son travail, mener à bien de gros défis sportifs. J'ai l'impression de m'être mise au second plan pour lui permettre d'atteindre ses objectifs, mais aujourd'hui, c'est comme si sa réalisation personnelle était venue amplifier mon sentiment d'infériorité.

J'aimerais à mon tour pouvoir trouver ma voie et m'épanouir… Je suis dans mes pensées quand la serveuse m'interrompt : « Vous avez fait votre choix ? »

Oups… Non, je n'ai pas pris le temps de lire le menu, je lui demande de repasser plus tard.

La carte est alléchante et j'hésite. Jérôme lui a déjà choisi. Après avoir observé les tables autour de nous, je me décide pour le poulet aux petits légumes de printemps dont la portion semble généreuse.

Alors que nous attendons d'être servis, j'observe ce qui se passe autour de nous. Les tables sont assez proches les unes des autres et j'entends la dame de la table voisine se plaindre à son mari : « Le poulet est mal cuit, je ne sais pas si je vais pouvoir le manger ». Je la sens contrariée et déçue, mais l'attitude de son mari semble lui dire : « C'est pas si grave, on ne va pas faire un scandale ». Mince, j'ai peur d'avoir fait le mauvais choix…

Nous abordons avec Jérôme la question des prochaines vacances d'été. C'est souvent au cours de ce repas d'anniversaire que nous planifions nos congés et que nous décidons de l'endroit où aller. Nous échangeons nos idées respectives quand nous sommes interrompus par un monsieur un peu plus loin qui s'en prend à la serveuse : « Mais enfin, ce n'est pas possible ! C'est vraiment dégueulasse ! C'est quoi ce plat que vous osez servir ! Allez me chercher le patron ! » Face à ses vociférations, la serveuse bafouille : « Oui oui je vais vous appeler le chef ». Je suis choquée par l'attitude de ce client. Il a le droit d'être mécontent, mais enfin, qu'est-ce que c'est que ces manières ? Respect, politesse, savoir-vivre, les valeurs m'apparaissent tout de suite, et puis la pauvre serveuse, elle n'y est certainement pour rien, je trouve ça particulièrement injuste qu'elle se fasse traiter de la sorte.

À la fois j'ai mal au cœur pour ma voisine de table qui a ravalé sa déception et a laissé la moitié de son poulet dans son assiette, et à la fois je suis révoltée par le comportement de ce monsieur.

Alors que j'écoute ce qui se passe en moi, je fais le lien avec ce que j'apprends en thérapie : bien sûr ! Cette dame est passive, et ce monsieur très agressif.

Pendant que le chef cuisinier tente d'apaiser le mécontentement du client, la serveuse, déstabilisée par l'altercation, nous apporte nos plats.

Les légumes sont joliment découpés et présentés, délicatement rôtis, un peu croquants comme je les aime. Hélas, en entamant le poulet dont la peau est bien croustillante, je me rends compte qu'il n'est pas cuit à cœur. La chair est encore rose, collée. Je suis contrariée. On va très peu au restaurant, je ne me vois pas manger ce poulet cru ! Et je n'ai pas non plus envie de gaspiller et d'en laisser la moitié !

Forte de mes nouvelles connaissances et de ce que je viens d'observer dans la salle, je décide de m'affirmer et fais signe à la serveuse. Je la sens un peu sur la défensive quand elle arrive près de moi et lui dis : « Je sais bien que vous n'y êtes pour rien, mais le poulet n'est pas suffisamment cuit. Pourriez-vous le ramener en cuisine et m'apporter un morceau bien cuit ? »

Je l'ai sentie se détendre d'un coup quand j'ai affirmé que je savais bien qu'elle n'y était pour rien, et c'est avec un petit sourire qu'elle saisit mon assiette et me dit : « Je vais voir ce que je peux faire. »

Je suis très contente de moi, j'ai dit ce que j'avais à dire sans être agressive et j'ai bien senti que la serveuse m'en était reconnaissante.

Tout ça s'est passé très vite et je remarque le regard étonné de Jérôme : « Ben dis donc, j'en reviens pas de la manière dont tu as pris les choses en mains ! Je ne t'aurais pas crue capable de ça, tu m'épates ! » Venant de lui, le compliment me touche profondément, c'est rare que je le sente fier de moi, et la spontanéité avec laquelle il vient de s'exprimer m'assure de sa sincérité : il est vraiment bluffé !

La serveuse revient quelques instants plus tard avec un nouveau morceau bien cuit et je me régale ! Les légumes sont vraiment succulents, et je savoure mon repas, l'esprit libre de toute rumination.

Je suis tellement ravie de ne pas m'être laissée gâcher ce moment par un défaut d'affirmation de moi.

À cet instant, je mesure toute la différence que ça fait de dire les choses.

J'ai noté tous ces moments sur mon carnet et je suis assez fière d'avoir tout ça à raconter à ma thérapeute aujourd'hui. Le fait d'écrire m'a vraiment motivée à multiplier les expériences, et je suis vraiment satisfaite d'être sortie de mes vieilles habitudes.

Quoi que je fasse, ça ne va jamais…

« Alors Emma, qu'est-ce qui va mieux ?
— J'ai l'impression que je reprends confiance en moi.
— Très bien, qu'est-ce qui vous donne cette impression ?
— Eh bien j'ai réussi à m'affirmer !
— Super, avez-vous pu noter ça dans votre carnet ?
— Oui, je l'ai fait !

Alors que je lui raconte ce que j'ai vécu, je perçois chez ma psy beaucoup de soutien et d'encouragements.
— Il me semble que vous avez de quoi être fière de vous, Emma ! C'est impressionnant tout ce que vous avez expérimenté depuis la dernière fois !
— Oui, j'avoue que j'en suis moi-même étonnée, je me demande si je ne suis pas en train d'y prendre goût ! Je me sens tellement plus légère, je n'ai plus envie de m'encombrer avec tout ça…

— Vraiment je vous félicite ! Parce qu'il faut du courage pour sortir de sa zone de confort et oser faire autrement !

— C'est vrai, je me suis fait violence pour retourner à la boulangerie et pour ramener cette robe, mais j'ai l'impression que c'est en train de devenir plus facile au fur et à mesure : au restaurant, c'est presque venu tout seul, de manière assez naturelle.

— C'est vraiment bon signe !

— Bon, il y a d'autres secteurs où ça reste encore bien compliqué et où je me sens assez démunie, avec ma mère par exemple.

— À quoi faites-vous allusion ?

— Elle me reproche souvent de ne pas l'appeler assez, d'être toujours obligée de m'appeler elle, elle me dit souvent qu'elle aimerait que je prenne l'initiative de lui téléphoner de manière spontanée. Hier je l'ai donc appelée, et elle m'a reproché de ne pas être spontanée mais de l'appeler parce qu'elle me l'a demandé la dernière fois ! Je me sens piégée : si je ne l'appelle pas, elle me le reproche, et si je l'appelle, elle me le reproche aussi, sous prétexte que ce n'est pas spontané…

— Je vois…

— Je ne suis pas la seule à me retrouver coincée dans ce type de situations avec ma mère : mon père en fait les frais aussi. L'autre jour je l'ai eu au téléphone, c'est très rare qu'on s'appelle, et il était dépité. Ma mère lui avait reproché de manquer d'attentions à son égard, de ne pas la gâter assez. Quelques jours plus tard il est rentré du bourg avec un beau bouquet de fleurs et elle l'a très mal pris : « Oui mais j'aimerais que ça vienne de toi, là je vois bien que tu le fais uniquement parce qu'on en a parlé, si c'est comme ça vraiment ça n'est pas la peine ! » Le pauvre, je vois bien qu'il est piégé lui aussi, et que, quoi qu'il fasse, ça ne la satisfait pas.

— Je vois. Ce que vous décrivez ressemble à une voie sans issue, c'est ce qu'on appelle un double lien : si je fais ça ne va pas, et si je ne fais pas, ça ne va pas non plus.

Il est très important d'apprendre à identifier ces situations pour ne plus s'y laisser enfermer ! Sinon elles peuvent nous rendre fous ! On peut chercher sans fin une issue à un problème insoluble, se remettre en question en se demandant comment ça se fait qu'on n'y arrive pas, et en finir par douter de nous-mêmes.

Le problème ici est basé sur une injonction paradoxale : « Mais sois donc spontané ! » À partir du moment où on me l'ordonne, je ne peux plus l'être.

— Je vois bien ce dont vous parlez. J'ai l'impression que ma mère est experte en la matière…

— C'est possible. Qu'aimeriez-vous lui dire à ce sujet ?

— Je ne sais pas trop…

— Qu'est-ce que ça provoque en vous quand elle vous fait ces remarques-là ?

— Ça m'énerve : j'ai l'impression qu'elle n'est jamais contente, et je me sens complètement impuissante, et résignée, car il n'y a pas de solution à ce problème !

— Alors peut-être pourriez-vous le lui dire simplement comme ça, pour qu'elle prenne conscience du piège dans lequel elle vous attire, sans doute sans le savoir. Peut-être aussi pourrez-vous en toucher deux mots à votre père à l'occasion…

— Oui en effet, ça pourrait nous aider à nous sortir de ces mauvais pas !

… Je repense à une autre situation un peu du même genre dont je voulais vous parler.

— Je vous écoute.

— Ça concerne le travail, et ma chef Elsa. Il y a des situations où j'ai l'impression que quoi que je fasse ça ne va pas.

— Quelle situation en particulier ?

— Bien, pour les retours par exemple. Quand j'accepte d'effectuer un retour et de rembourser une cliente, elle me le reproche en me disant que c'est pas comme ça qu'on atteindra nos objectifs. Si je refuse, elle me le reproche aussi en me disant que ce n'est pas en traitant les gens comme ça qu'on va fidéliser notre clientèle. Ça ne va jamais. Il n'y a pas de solution.

— Comment percevez-vous cette situation ?

— Je la trouve très injuste.

— Injuste ? Pour quelle raison ?

— Parce que c'est à elle de faire les retours ! C'est elle la responsable ! Mais dès qu'une cliente s'approche de la caisse avec le sac du magasin, elle disparaît en réserve et me laisse m'en occuper !

— D'accord. Cette situation est un peu différente de ce qui se passe avec votre maman.

Ici nous ne sommes pas dans le cas d'une injonction paradoxale, mais dans une situation où les deux décisions peuvent être prises et être argumentées. Ce qui se produit ici, et vous le décrivez très bien, c'est que je trouve très injuste de me faire réprimander alors que j'ai fait de mon mieux, d'autant plus que ce n'était pas à moi de le faire.

Ça vient parler ici de responsabilité, et du fait qu'à chaque fois que je prends des responsabilités qui ne sont pas les miennes, je prends le risque que ça me retombe dessus.

— Oui, c'est tout à fait ça ! Et elle ne se gêne pas pour me le faire sentir. Mais moi je n'en peux plus : si c'est comme ça je vais arrêter de m'en occuper, des retours !

— Oui Emma, c'est exactement ça. La solution est là, il faut lui laisser faire ce qui est de sa responsabilité, et arrêter de faire à sa place. Vous arrêtez de lui donner le bâton pour vous faire battre, et si elle n'est pas contente, ce n'est plus contre vous qu'elle pourra diriger sa colère !

— Je vois, et j'aimerais bien, mais elle risque de m'envoyer paître si je vais la chercher en réserve alors qu'elle s'est éclipsée…

— Oui c'est vrai que ça risque de lui déplaire, d'être obligée de prendre ses responsabilités : pour elle c'est sans doute beaucoup plus confortable de ne rien assumer et de vous faire porter le chapeau ! Mais c'est elle qui est payée pour ça, et vous avez tout à gagner à tenter le coup ! C'est la seule façon que je connaisse de sortir de cette voie sans issue. »

Ce rendez-vous était à nouveau très riche d'enseignements. À chaque fois, j'ai l'impression que ça apporte un éclairage précis sur certaines de mes difficultés, mais je ne peux m'empêcher de trouver qu'il y a énormément de choses auxquelles on doit être vigilant pour bien communiquer. Parfois, le fait de me dire qu'il faut penser à tout ça me donne un peu le vertige…

Une chose après l'autre ! Je vais essayer d'ici la prochaine fois de déceler les situations de voies sans issue.

Même si les échanges avec mes parents restent souvent décevants, et si je suis toujours en froid avec ma sœur, je sens que je prends de l'assurance. Ce travail quotidien d'observation de ce qui va dans le bon sens me pousse à développer un autre regard sur moi-même, plus bienveillant et plus valorisant.

Je note les moments pris pour moi, les jours où je n'ai pas grignoté, j'inscris dans mon carnet ce que les autres me renvoient de moi-même, comme la fierté de Jérôme au restaurant.

Je me trouve un peu trop ronde, et je ne suis pas très à l'aise dans mon corps, mais je ressens l'envie d'accompagner cette reconstruction intérieure de changements physiques : peut-être pourrais-je changer de lunettes ? Ou aller chez le coiffeur ? Côté cheveux, je suis déjà passée du long au très court, avant de tout laisser pousser à nouveau, et j'interroge Jérôme :
« Je réfléchis à me refaire couper les cheveux, qu'est-ce que tu en penses ?
— Moi je te trouve très bien comme ça !
— Ah bon, t'aimes pas quand j'ai les cheveux courts ?
— Si si j'aime bien aussi, tu pourrais les faire couper.
— Oui je vois… Ça me va moins bien quand ils sont longs, mais pourquoi tu me le dis pas ?
— Mais moi tout me va, je te trouve toujours très belle… »
Voilà, je n'aurais pas dû lui en parler ! C'est toujours la même histoire, il est incapable de me

donner un vrai avis. Je ne sais toujours pas quoi faire, et en plus je suis énervée contre lui. Je me reprends à ruminer de vieilles histoires similaires. Ah non, je n'ai pas envie de me laisser envahir pour une dérisoire histoire de coiffeur. Je décide d'écrire ma colère pour mieux la comprendre.

Et alors que je cherche quelle valeur mon mari a mise à mal dans cette histoire je m'entends me dire : « *C'est fou, il est incapable de donner un avis, j'aimerais bien parfois qu'il prenne ses responsabilités !* » et alors même que j'identifie cette pensée automatique, je comprends ce qui se passe : je l'ai coincé dans une voie sans issue ! Le pauvre… Je me rends compte qu'il ne pouvait y avoir de bonne réponse à la question que je lui ai posée… Et que je suis en train de lui en vouloir pour une décision qui relève de mon entière responsabilité ! Bien sûr c'est plus facile de lui faire porter le chapeau parce qu'il est incapable de me satisfaire par sa réponse que de prendre moi-même cette décision d'aller ou non chez le coiffeur. Et c'est aussi très injuste. Ça y est, je vois, j'ai compris ce qui vient de se passer. En mon for intérieur je m'en veux maintenant, je veux lui présenter mes excuses, je vois bien qu'il a fait au mieux, qu'il m'a dit qu'il me trouvait belle quelle que soit ma coupe.

Je reviens vers lui et lui dis simplement : « Je te demande pardon pour tout à l'heure, c'est moi qui prendrai la décision pour mes cheveux quand je me sentirai prête. » Je le sens soulagé. Et je le suis aussi d'avoir demandé pardon.

Je suis contente de moi d'avoir fait cette démarche. Me rendant compte que j'avais été injuste, j'ai eu l'honnêteté et l'humilité de présenter des excuses. Je pense avoir pris mes responsabilités et c'est certainement ça qui me permet de me sentir apaisée malgré ce qui vient de se passer. J'ai le droit de faire des erreurs, et celles-ci m'amènent à grandir, je le sens.

À la maison, les relations sont pacifiées. Le fait d'oser plus imposer mes idées, de prendre la liberté de faire ce que j'ai envie de faire, fait que je me sens moins frustrée, et j'ai l'impression que les choses se rééquilibrent un peu avec Jérôme. Qu'il s'occupe un peu plus des enfants, qu'il assume un peu plus de tâches ménagères. Je trouve que c'est plus équitable et plus respectueux, je me sens moins submergée, j'ai l'impression d'avoir un peu plus de temps pour moi.

Aussi quand Stéphanie, que je continue à avoir très régulièrement au téléphone, me propose qu'on s'inscrive à une course de sept kilomètres réservée aux femmes, je me sens très enthousiaste. Je ne suis pas du tout sportive, et c'est certainement un des éléments qui me bloque pour retrouver la ligne, mais je ne sais pourquoi, ce projet me tente bien ! Elle m'a expliqué que c'est vraiment sympa, que c'est un défi pour de nombreuses mères de famille, qu'il y a des coureuses de tous les niveaux, et que si je me décide, je n'aurai à rougir ni de mes formes ni de ma performance.

« J'aimerais bien m'inscrire avec Stéphanie à cette course féminine qui se déroule dans un mois et demi ». Alors que je fais part de mon projet à Jérôme, je perçois une once de doute : « Ah bon, tu es sûre ? » J'interviens immédiatement en demandant : « Est-ce que je peux compter sur ton soutien ? »

Voilà, j'ai coupé court à toute antipathie et affirmé ma décision. Sans doute un peu surpris par mon assurance, il se reprend et je l'entends me dire : « OK. En six semaines c'est possible, est-ce que tu voudrais que je te prépare un plan d'entraînement ? »

Je suis ravie, c'est moi qui vais avoir pendant les prochaines semaines un objectif à moi ! Et si je peux bénéficier de son expérience et de ses encouragements en prime, j'ai de grandes chances d'y arriver !

Décidée, j'envoie un texto à Stéphanie :
« C'est d'accord pour la course !
— Chouette ! On commence quand ?
— Euh… Faut que je m'achète une tenue… »

Me voilà au magasin de sport. Je ne m'y sens pas très à l'aise, je n'ai aucune habitude de fréquenter ce genre d'endroits pour moi. L'immense rayonnage de chaussures de toutes les couleurs me décourage un peu, et la gamme textile est tellement variée que je ne sais par où commencer.

Un vendeur dynamique à l'allure sportive s'avance vers moi et me propose son aide. Je l'accepte volontiers :

« Oui je veux bien, je vous avoue que je suis un peu perdue…

— De quoi avez-vous besoin ?

— Eh bien, je me suis inscrite avec une amie à une course sur route de sept kilomètres qui aura lieu dans un mois et demi. Mais le problème, c'est que je n'ai jamais couru de ma vie et que jusque-là ce n'était pas du tout mon truc. Pour tout vous avouer, je ne sais pas trop ce qui m'a pris d'accepter, mais ça m'a fait envie.

— Alors si vous avez envie, c'est l'essentiel ! Combien de fois par semaine prévoyez-vous de vous entraîner ? Et comment prévoyez-vous de vous habiller ? On va arriver à la belle saison, est-ce que je vous propose un short ?

— Si vous aviez quelque chose de plus long je pense que je m'y sentirais plus à l'aise.

— D'accord, je vais vous chercher ça. Vous pouvez vous diriger vers les cabines, je vous apporte une petite sélection.

Je m'y avance donc, un peu impressionnée par le va-et-vient de sportifs de tous ordres dans ce grand magasin, guettant le retour de mon vendeur préféré. Ça y est, le voilà qui arrive :

Voilà ce que je vous propose !

Il m'installe tout ça dans la cabine, je n'ai plus qu'à lancer les essayages. Au bout d'un long moment - j'espère pour lui qu'il est parti faire autre chose - j'arrête mon choix sur un corsaire noir et un t-shirt à manches courtes rose fuchsia. J'ai passé les brassières qu'il m'a sélectionnées et il y en a une dans laquelle je me sens bien, je valide. Je me rhabille et pousse la porte : il est toujours là à m'attendre !

— Ah désolée, j'ai pris longtemps, tout ça est très nouveau pour moi…

— Ne vous inquiétez pas, je suis là pour ça. Je vous accompagne pour les chaussures ? »

Quelques minutes plus tard, me voilà parée de la tête aux pieds. L'ensemble est vraiment joli, à vous donner envie de faire du sport ! Je suis moi-même étonnée de ce qui est en train de se passer, mais c'est vrai qu'en ce moment beaucoup de choses inédites se passent.

J'ai chaleureusement remercié le vendeur pour sa patience et son professionnalisme, ça fait du bien de rencontrer des gens investis dans ce qu'ils font. Ça me rappelle Stéphanie et sa passion pour la mode et les chaussures. Ça me fait me dire aussi, avec une lucidité teintée d'un peu de tristesse, que ma passion à moi c'est les fleurs, pas les pieds.

Jérôme m'a concocté un plan d'entraînement pour les six semaines à venir : deux séances par semaine, une troisième si j'ai envie. « Ça commence doucement, m'a-t-il dit : un quart d'heure à vingt minutes de footing… » Hum, vingt minutes de course sans m'arrêter ? Je ne suis pas très sûre de moi tout à coup, dans quoi me suis-je embarquée ? Je vais essayer, on verra bien. Il m'a bien incitée à courir doucement pour tenir la distance, de toute façon je ne risque pas de partir bien vite…

Premier test ce matin : j'ai enfilé ma tenue complète. J'ai presque honte d'être si joliment équipée alors que je n'ai aucune idée de la durée pendant laquelle je vais réussir à garder mon souffle… Je démarre tout doucement, espérant surtout ne croiser personne. Un tour du pâté de maisons, un deuxième… Tout se passe étonnamment bien, le quart d'heure a filé sans presque que je m'en rende compte : je suis un peu essoufflée oui, mais je m'attendais à souffrir tellement plus… Je rentre toute contente.

Ce nouveau projet a monopolisé mes pensées et la date du prochain rendez-vous avec la psy est déjà là. Je m'y rends avec l'impression de ne pas avoir travaillé autant que les autres fois dans l'intervalle.

Je ne veux plus de ces étiquettes qui me collent à la peau

« Alors, qu'est-ce qui va mieux ?
— Je me suis inscrite pour faire une course !
— Ah bon, racontez-moi ?
— Eh bien, c'est grâce à ma collègue Stéphanie, elle me l'a proposé et j'ai dit oui !
— Très bien, il ne me semble pas qu'on ait parlé de sport, vous en faites ?
— Jusque-là pas du tout ! C'est même très inattendu pour moi, mais bon, ça m'a fait envie alors je me suis jetée à l'eau.
— Bravo, je vous félicite d'avoir osé suivre votre envie !
— J'ai réfléchi à cette histoire de sport et en fait, je crois que je ne m'étais jamais posé la question. Quand j'étais petite, ma sœur était très douée en athlétisme, elle a fait de la compétition pendant de nombreuses années, et c'était elle la sportive de la famille ! Je me souviens de ma mère parlant

de moi en réunion de famille : « *Emma le sport c'est pas son truc, elle est plutôt cérébrale.* »

Quand j'ai rencontré Jérôme, il était déjà coureur. Au fil des années, il a couru des courses de plus en plus longues, ça lui demandait beaucoup de temps d'entraînement et j'assurais la logistique avec les enfants.

Je pense que je me suis persuadée que tout ça n'était pas pour moi, que je ne serais jamais à la hauteur et que ça ne valait pas le coup. J'ai l'impression, malgré moi peut-être, de me l'être interdit, de m'être censurée.

— Ce que vous me dites là de votre enfance vient parler des étiquettes qui, dans certaines familles, sont collées aux enfants : Sabine c'est la sportive, Emma c'est la cérébrale. Lui c'est l'intellectuel et lui c'est le manuel, cet enfant-là est l'enfant terrible, celui-ci l'enfant sage…

— Je vois très bien ce dont vous parlez… Je crois que très tôt on m'a aussi collé l'étiquette de « celle qui ne fait pas de vagues », « celle qui ne pose pas de problèmes ».

Je ne vous ai pas encore parlé de mon enfance…

Quand ma sœur avait huit ans, elle a été gravement malade. Pendant de longues semaines,

mes parents ont cru la perdre. Ils étaient sans cesse à l'hôpital, se relayant pour aller la voir. Les enfants n'étant pas admis dans le service, ils me laissaient chez les voisins pendant qu'ils se rendaient à son chevet. Cette longue période sans voir ma petite sœur a été très dure pour moi. Les médecins leur donnant peu d'espoir, mes parents essayaient de me rassurer comme ils pouvaient, mais je lisais la peur dans leurs regards.
J'essayais de ne pas ajouter à leur trouble mes questions et mes angoisses de petite fille, et faisais mine de croire à leur discours optimiste.

Dans le même temps, j'avais dix ans et j'étais en CM2, j'ai traversé une période très violente à l'école. Une fille de ma classe m'avait prise en grippe et j'ai vécu ce qu'on qualifierait aujourd'hui de harcèlement scolaire. Elle avait rallié tout mon groupe de copines à sa cause : j'étais exclue, moquée, violentée. C'était l'enfer, j'avais de grosses difficultés à dormir, j'allais à l'école la peur au ventre. Il m'arrivait même de vomir le matin avant de partir.

Mes parents se faisaient tellement de souci pour Sabine que je n'ai pas voulu en rajouter. J'ai gardé ça pour moi, me raccrochant aux grandes vacances qui finiraient bien par arriver, espérant de tout cœur que l'entrée au collège mettrait fin à mon supplice.

Pendant toute cette période, j'entendais ma mère répéter : « *Heureusement que pour Emma tout se passe bien, c'est une chance qu'elle ne pose pas de problèmes.* » Je n'ai rien dit. Et ils n'ont rien vu. Je ne sais trop à quel moment cette étiquette m'a été attribuée, si c'était à ce moment-là ou si elle était déjà là, mais c'est comme si elle avait caché tout le reste, et comme si elle m'avait conditionnée à adopter une certaine posture.

— Ce que vous me racontez là est terrible Emma, cette période a dû être tellement difficile pour vous…

— Tous les matins je me demandais si ça finirait par s'arrêter un jour…

— Et comment cela s'est-il passé pour vous par la suite ?

— Les grandes vacances sont enfin arrivées, ma tortionnaire a déménagé pendant l'été, et dans ma classe de sixième au collège, j'ai rencontré d'autres enfants qui venaient des communes voisines et avec qui ça s'est bien passé.

Aujourd'hui je me demande comment j'ai fait pour endurer ça toute seule…

— Je comprends. Vous avez sans doute cherché à protéger vos parents en ne disant rien. Peut-être que, d'une certaine manière aussi, vous vous êtes conformée à cette étiquette qui vous avait été attribuée « celle qui ne fait pas de vagues, celle qui ne pose pas de problèmes ». C'est le problème des étiquettes.

Elles sont très réductrices, c'est comme si les autres ne voyaient en nous que cette caractéristique, comme s'ils s'arrêtaient à ça : pas besoin d'aller voir derrière, ou dessous, pour savoir ce qui se passe vraiment.

L'autre problème des étiquettes, c'est qu'une fois qu'on nous les a collées, il est très difficile de s'en défaire.

Parfois on essaye de faire valoir qu'on est autre chose que ça : ce n'est pas parce que je suis *l'intellectuel* que je ne peux rien faire de mes dix doigts ! Et le fait que les autres refusent de le voir peut déclencher beaucoup de colère.

Parfois on va intégrer cette étiquette, qui peut alors devenir une sorte de vérité : « *Le sport c'est pas pour moi, moi je suis celle qui ne fait pas de vagues, celle qui ne pose pas de problèmes.* » C'est alors moi qui ai du mal à voir que je suis autre chose que ça. Je me réduis à mon étiquette, je rentre dans la case qu'on a prévue pour moi.

— Oui, je me reconnais bien dans ce processus que vous décrivez. Est-ce que ça peut expliquer que j'aie autant de mal à dire les choses ? À parler de moi ?

— Bien sûr. Votre étiquette ne vous a pas donné l'opportunité d'apprendre à dire ça ne va pas, je ne suis pas d'accord avec ça.

— Mais, ces étiquettes, est-ce qu'on peut s'en défaire ?

— Oui, et le préalable est de se rendre compte qu'elles sont là. Tant qu'on n'en a pas conscience, il est bien impossible de les ôter.

— En vous écoutant, je me rends compte de la manière dont cette étiquette m'a collé à la peau…

Ma sœur a fini par aller mieux et sa convalescence s'est poursuivie pendant plusieurs mois à la maison. Mes parents avaient eu tellement peur pour elle que quand elle a été de retour, ils sont devenus hyperprotecteurs vis-à-vis d'elle. Ils n'osaient pas la contrarier, lui passaient tous ses caprices. Je comprenais leur attitude, et dans le même temps ne pouvais m'empêcher de trouver ça injuste.

En peu de temps elle est devenue une petite fille exigeante et intolérante à la frustration, et mes parents se sont vite retrouvés dépassés par son comportement. Elle est devenue celle qui a du caractère, celle qu'il vaut mieux ne pas contrarier. À tel point que tout tournait autour d'elle, on se préoccupait toujours en priorité de ce qu'elle désirait ou au contraire ne souhaitait pas. Il n'y en avait que pour elle.

Quand je tentais de faire valoir mes droits, ou d'exprimer mon désaccord, mes parents me répondaient à l'unisson : « *Ah non tu ne vas pas t'y mettre, sinon on n'y arrivera jamais !* »

Alors qu'elle devenait *la fille ingérable*, j'étais confortée dans le rôle de *la fille qui ne fait pas de vagues.*

Et puis ma mère s'est effondrée. Peut-être le contrecoup de ces jours sombres où elle ne savait si son enfant allait vivre ou pas, peut-être la douloureuse prise de conscience de ce que Sabine était devenue, un vrai tyran qui dictait la pluie et le beau temps… Quoi qu'il en soit, ma mère a sombré. Très vite, et très profond. Elle s'est éteinte, presque du jour au lendemain. Dépression sévère. Elle ne se levait quasiment plus, n'avait plus la force de s'occuper de la maison et de nous. Mon père était complètement désemparé, pour lui tout ça ça commençait aussi à faire beaucoup…

Par la force des choses, je me suis attelée à tout ce qu'il fallait faire pour que ça tienne : m'occuper de ma sœur, préparer les repas, faire un peu de ménage. M'occuper de ma mère aussi, qui n'avait plus la volonté de prendre soin d'elle.

— Je vois, vous avez dû assumer très vite énormément de responsabilités : prendre soin de votre mère, de votre sœur, de la maison…

— Oui je sais. Je me rends compte que j'ai très certainement alors endossé une autre étiquette, je suis devenue *celle sur qui on peut compter*.

Plus tard, ma mère est doucement, lentement, remontée à la surface. Mais cette étiquette est restée et je crois que de toutes, c'est celle-ci qui est la plus lourde à porter…

— Oui Emma, et c'est pour ça qu'il faut qu'on s'en occupe. Ce n'est qu'en vous libérant de cette étiquette que les choses pourront devenir différentes pour vous. »

Au sortir de la séance, c'est comme si je prenais conscience du fait que cette étiquette a toute ma vie conditionné mon rapport aux autres.

C'est certainement elle qui explique que je fais toujours passer les besoins des autres avant les miens et que j'ai énormément de mal à dire non.

Je n'ai pas de tâche spécifique à effectuer pour la prochaine fois, la psy m'a juste encouragée à réfléchir à la manière dont ces étiquettes ont impacté mes relations aux autres.

Avec mes amies, je suis sans aucun doute « celle qui ne fait pas de vagues, celle qui ne pose pas de problèmes » : toujours à m'adapter, prête en toutes circonstances à me plier aux décisions des autres, même si elles ne me conviennent pas. En tout cas je l'ai été jusque-là. Je fais le lien avec mon positionnement passif dans le rapport à l'autre, avec le fait qu'à certains moments, indéniablement, j'ai renoncé à ma liberté pour rester en relation.

Je ne veux plus être réduite à ça, je veux que les autres voient que derrière cette étiquette, j'ai un avis, j'ai des envies, que je ne suis pas seulement la bonne copine qui ne dit jamais rien.

Mais, ça va donner quoi, si je décolle cet attribut et me montre telle que je suis ? Comment les autres vont-ils réagir à ce qu'ils verront alors ?

Je me dis que c'est certainement en osant faire l'expérience de me dévoiler que j'aurai la réponse à ces questions : mettre en œuvre le changement et observer la réaction de l'autre.

Celle sur qui on peut compter… Je pourrais être fière qu'on m'ait attribué cette étiquette, ça veut dire qu'on me fait confiance, que je suis fiable, que j'ai les épaules, que j'assure.
Et en effet j'ai assuré, assumé, pendant la maladie de ma mère.

Le problème, c'est que quand elle a été mieux, c'est resté. Le pli était pris. Je ne m'en suis pas rendu compte, bien sûr, mais aujourd'hui je réalise combien ça a imprégné mes rapports aux autres, et qu'énormément de personnes se sont reposées sur moi en valorisant cette qualité.

J'ai continué à porter ma mère, à veiller sur ma sœur. J'étais devenue la confidente, la médiatrice. J'ai endossé sans le savoir le poids de ces responsabilités, j'ai tenu le rôle.

Mais rien de tout ça n'est normal, les choses ne sont pas à leur place : c'est à une maman de veiller sur sa fille, pas l'inverse !

Avec Sabine aussi mes rapports sont faussés : à chaque fois qu'elle ne faisait pas je faisais, et j'étais valorisée pour ça. Rien n'a changé. Elle n'apporte pas le dessert promis à la maison et c'est moi qui rattrape le coup…

Au travail aussi, bien sûr qu'Elsa a dû le sentir, que je viendrais combler tout ce qu'elle ne faisait pas. Et qu'il a été bien confortable pour elle de se décharger de ses responsabilités puisque je les assumais !
Alors qu'au fond de moi je n'étais pas d'accord, ça ne m'allait pas !

Je comprends pourquoi je suis fatiguée. Je n'en peux plus de porter tout ça pour tout le monde. Je voudrais que chacun reprenne ce qui lui appartient, mais comment faire ? Ça fait tellement longtemps que ça fonctionne comme ça…

C'est avec ce questionnement existentiel que je me rends chez la psy.

Je ne veux plus tout porter pour tout le monde

« Alors Emma, qu'est-ce qui va mieux ?
— J'ai beaucoup réfléchi depuis notre dernier rendez-vous et… Je ne veux plus tout porter pour tout le monde !
— Pouvez-vous me préciser ce que vous entendez par là ?
— Je me suis rendu compte que, sous prétexte *qu'on pouvait compter sur moi*, bon nombre de personnes se sont reposées sur moi et m'ont confié leurs responsabilités. Je ne me suis rendu compte de rien mais aujourd'hui je le vois, et je ne veux plus de ça.
— À qui pensez-vous quand vous me dites ça ?
— À ma mère, qui compte toujours beaucoup sur moi et me prend pour sa confidente, à ma sœur auprès de qui j'occupe une place qui n'est pas la bonne. On m'attribue souvent un rôle de médiatrice au sein de ma famille. Je vois bien que tout ça n'est pas sain. Je ne veux plus de ça, je voudrais que les choses reprennent leur place.

— À quels moments avez-vous l'impression d'être une confidente pour votre maman ?

— En fait, c'est très ancien. Je vous ai dit que mon père était plombier à son compte. Il travaillait énormément, et était peu à la maison. Je me souviens, très jeune, d'avoir entendu ma mère se plaindre de son absence auprès de moi. Elle me répétait que c'était dur pour elle qu'il ne soit jamais là, de devoir tout gérer à la maison. Quand elle le lui reprochait, lui se défendait en disant qu'il fallait bien ramener l'argent à la maison, que sans travail il n'y avait pas d'argent, ce qui était vrai.

En fait, j'ai souvent eu l'impression que ma mère essayait de me rallier à sa cause, qu'elle voulait que je prenne son parti, contre mon père.

— Vous avez certainement fait l'objet de ce qu'on appelle une tentative de coalition.

— Une tentative de coalition ?

— Oui, votre mère cherchait vraisemblablement à faire alliance avec vous contre votre père.

— C'est tout à fait ça…

— Qu'est-ce que ça a eu comme conséquences pour vous ?

— J'étais dans une situation impossible : si je prenais le parti de ma mère j'avais l'impression d'être injuste et de trahir mon père, si je le défendais je voyais bien que ma mère m'en voulait.

— Oui, vous étiez dans une situation impossible. Dans une voie sans issue. En plein conflit de loyauté entre vos parents. Il ne devrait jamais être demandé à un enfant de choisir son camp.

— Elle a gardé cette habitude de me raconter tout ce qui lui déplaît chez mon père, mais je ne veux plus entendre parler de leurs histoires ! J'estime que c'est de leur responsabilité de régler leurs problèmes de couple !

— Oui, vous avez entièrement raison. Avant d'y revenir, vous m'avez parlé tout à l'heure de situations où l'on vous confie un rôle de médiatrice, pourriez-vous m'en donner un exemple ?

— C'est tout le temps ! Je vous ai parlé de la manière dont le comportement de Sabine avait évolué après sa guérison. Ma mère ne s'en sortait pas, et leurs difficultés de communication ont persisté jusqu'à maintenant. J'ai l'impression que ma mère n'ose pas se confronter à ma sœur, et elle fait sans cesse appel à moi pour faire passer les messages, exprimer son mécontentement ou ses reproches à son égard.

— Qu'est-ce que ça a comme conséquences pour vous ?

— J'ai l'impression d'être impliquée dans des histoires qui ne me concernent pas.

— Oui tout à fait, quoi d'autre ?

— Et qu'en plus ça me retombe dessus !

— Oui, que pourriez-vous me donner comme exemple ?

— Toujours une histoire de dessert : un dimanche, mes parents avaient invité ma sœur et sa famille, et Sabine avait proposé de se charger du dessert. Je ne sais plus quel prétexte elle a avancé quand elle est arrivée sans, mais ce que je sais c'est que ça a beaucoup contrarié maman, qui s'en est épanchée auprès de moi. Quand, à la demande de ma mère, j'en ai parlé à ma sœur, elle s'est énervée contre moi en me reprochant de me mêler de ce qui ne me regardait pas.

— Je vois. Comment comprenez-vous ça au regard de ce que nous avons travaillé ensemble ?

— Je comprends que ça ait énervé ma sœur, et d'une certaine manière elle avait raison, cette histoire ne me concernait pas.

— Oui, qui est-ce qu'elle concernait ?

— Ma sœur et ma mère, qui si elle n'était pas contente n'avait qu'à le lui dire !

— En effet, c'est une autre situation où vous avez fait l'expérience qu'endosser des responsabilités qui ne sont pas les miennes peut se retourner contre moi. Votre maman s'est dédouanée d'une part de sa responsabilité en vous confiant le soin de faire passer le message, mais ça n'est pas votre rôle. Ce faisant, vous ne lui permettez pas de prendre ses responsabilités et de faire évoluer sa relation avec sa fille.

— Oui, je comprends. Comment dois-je m'y prendre la prochaine fois qu'elle cherche à faire de moi son messager ?

— Toujours être dans l'empathie, et simplement dire que c'est à elle de voir ça avec Sabine.

— Comment dois-je formuler les choses ?

— À partir de cette situation vous pourriez dire par exemple : « Je comprends que tu sois contrariée qu'elle soit venue sans dessert alors qu'elle avait dit qu'elle s'en occupait. Si ça te pèse ou si ça te déplaît, je te suggère de lui en parler directement. »

— Je vois d'ici ce qu'elle va me rétorquer : « Oui mais Sabine on ne peut rien lui dire ! »

— Qu'auriez-vous envie de lui répondre alors ?

— Que je n'y suis pour rien. Et que c'est de sa responsabilité à elle de décider de lui en parler ou pas.

— Oui en effet, c'est de sa responsabilité. Pour revenir au rôle de confidente que votre maman vous a attribué, c'est un peu la même chose.

— Oui c'est vrai, ce qui se passe entre mes parents ne me regarde pas, ils sont assez grands pour s'occuper de leurs problèmes, je ne veux plus y être mêlée.

— C'est comment pour vous, Emma ?

— C'est plus clair, je vois que tout ça parle toujours et encore de responsabilité.

— C'est ça. Maintenant si vous le voulez bien, je vais vous inviter à vous installer confortablement, et à porter votre attention à votre respiration… À prendre conscience des différentes parties de votre corps… Et à me dire quand vous vous sentirez suffisamment confortable pour que je vous raconte une histoire… »

Ce que la thérapeute m'a proposé m'a surprise et je me suis laissée aller à l'expérience. J'étais bien. Il était question d'un jeune homme qui dans son sac à dos portait ce que les autres lui avaient confié. Mais dont le sac à dos était devenu tellement lourd qu'il l'empêchait de se mouvoir librement, le limitant dans ses déplacements. Ça parlait aussi du jour où le jeune homme se rendait compte de ça et décidait de rendre à chacun ce qui lui appartenait. De ce sac à dos qui, au fur et à mesure, retrouvait sa légèreté et lui permettait à nouveau de se sentir libre.

Je ne me souviens plus exactement des termes, mais j'avais l'impression d'être ce jeune homme surchargé qui ne pouvait plus avancer et, au fil de l'histoire qui se dénouait, de sentir mes épaules plus libres et ma respiration plus ample.

J'ai gardé cette légèreté et cette métaphore présentes à mon esprit, et les choses se sont faites toutes seules : j'ai coupé court aux plaintes de ma mère, j'ai dit gentiment que ça ne me concernait pas, que c'était à elle de voir ça si c'était important pour elle, que je ne voulais plus être mêlée à ces histoires. Ça m'a fait un bien fou, comme si enfin tout ça se libérait en moi.

Non, cette étiquette ne serait plus prétexte à tous les abus.

Oui on pouvait toujours compter sur moi, mais uniquement pour ce qui était de ma responsabilité. C'est tout.

Je me sens tellement plus légère de ne plus être la médiatrice, la messagère, la confidente de ma mère. Ça me prenait une énergie folle de chercher des solutions à des problèmes qui n'étaient pas les miens. C'était peine perdue bien sûr, puisque ce n'est pas moi qui avais les clés de la résolution de ces conflits.

Je suis moins envahie, je me sens plus disponible pour moi-même, plus patiente avec les enfants.

Ce dont nous avons discuté avec la thérapeute au sujet de ma sœur me conforte dans les dispositions que j'ai mises en place à la maison : j'ai à cœur, vraiment, de transmettre à Bastien et Judith mes valeurs, qu'ils deviennent des jeunes gens responsables, capables de tenir leurs engagements et d'assumer les conséquences de leurs actes.

Ça n'est pas facile tous les jours, c'est sûr, d'appliquer les sanctions, de rester ferme, mais je prends la mesure de cet enjeu. L'externalisation de la règle m'aide beaucoup, je me suis libérée de la culpabilité que je pouvais ressentir d'avoir toujours le mauvais rôle, et je suis confiante dans la manière dont les choses évoluent.

L'éclairage théorique sur les jeux d'alliance et de coalition dont j'ai souffert étant petite m'a ouvert les yeux. Je me rends compte que, malgré moi, j'ai tendance à tenir à mes enfants le même discours que ma mère, en me plaignant de l'absence de Jérôme, qui travaille énormément et pendant son temps libre prépare des courses tellement longues qu'il passe des week-ends entiers hors de la maison à s'entraîner. Je vais être vigilante à ne pas les mêler à ce qui ne les regarde pas. Si j'ai quelque chose à reprocher à mon mari, je dois lui en parler directement.

C'est vrai que j'ai l'impression de tout gérer à la maison, des courses au ménage, des activités des enfants à la logistique des vacances. Puisqu'il n'est pas là, il faut bien que quelqu'un s'occupe de tout ça. Alors qu'une partie de moi trouve ça injuste et inéquitable, j'entends la voix de ma mère qui ne cessait de répéter : « C'est à la femme de s'occuper des enfants et de faire tourner la maison, heureusement qu'on est là les femmes pour que ça tienne, les hommes on ne peut pas compter sur eux pour les détails du quotidien… » Je me rends compte, en repensant à ce discours, de l'ambivalence de sa posture : elle se plaignait de son sort et dans le même temps confortait sa place à la maison, excluant presque mon père de tout ce qui pouvait toucher au quotidien. Est-ce qu'elle devait tout gérer car il n'était pas là ? Ou est-ce qu'il n'était pas là parce que tout était géré et qu'il se sentait inutile à la maison ? Comment les choses se sont-elles mises en place de cette manière ?

Je comprends que, malgré moi, j'ai reproduit ce schéma de fonctionnement avec Jérôme. Jusque-là, je pensais simplement que c'est parce qu'il était beaucoup absent que je devais tout gérer, mais… Est-ce parce que tout est géré qu'il est beaucoup absent ? Est-ce que je lui renvoie sans le vouloir que je n'ai pas besoin de lui ? Que le fait qu'il soit là ou pas ne change rien ?

Je note sur mon carnet d'aborder ce point-là la prochaine fois avec la thérapeute, parce que si c'est ça qui se passe, je veux absolument sortir de ce piège, qui m'amène à l'inverse de ce que je souhaite pour l'équilibre de ma famille et de mon couple…

Je sens que ça travaille en moi, qu'on est en train d'aborder là le gros du travail « de fond », que certaines choses sont en train de s'éclairer et de se dénouer.

Mes étiquettes évoluent.

Je me rends compte que certaines d'entre elles ont conduit à une interprétation erronée, des autres et de moi : que je sois quelqu'un sur qui on peut compter n'implique pas que je porte tout pour tout le monde, ne pas faire de vagues n'est pas me réduire au silence.

Aujourd'hui c'est plus clair, il y a moins de place pour la confusion. Ces étiquettes, je n'ai pas envie de les décoller : j'aime être quelqu'un sur qui on peut compter, je ne suis pas du genre à déclencher des tempêtes. Je vais juste veiller à les dissocier de ce que j'avais pu y ajouter comme interprétations ou comme croyances.

Il en est une autre qui est en train de s'en aller toute seule… Je suis avec application le plan d'entraînement de Jérôme pour la course et je me rends compte que je m'en sors plutôt bien ! J'ai une allure honorable, j'ai du souffle, et je commence à prendre plaisir à ces séances de footing.

Nous nous sommes entraînées ensemble avec Stéphanie l'autre jour et elle m'a félicitée :
« Dis donc, je ne savais pas que tu te débrouillais aussi bien !
— Ben moi non plus, j'ai toujours cru que le sport c'était pas pour moi ! »
Elle m'a envoyé la vidéo de présentation de la course et j'ai eu hâte d'y être : toutes ces femmes avant le départ s'échauffant en musique, ces couleurs, ces sourires, ces visages au bout de leur effort, déterminés et fiers, oui j'ai eu très envie moi aussi de vivre ce moment.

Elle m'a proposé qu'on s'entraîne à nouveau toutes les deux dimanche. D'habitude c'est Jérôme qui fait ses sorties longues le dimanche matin, pendant que je fais un peu de ménage et que je prépare le repas. Et si c'était moi pour une fois qui me libérais ?
« J'irais bien courir avec Stéphanie dimanche matin…
— Ah oui ?

— Est-ce que je pourrais compter sur toi pour t'occuper des enfants et du repas ?

— Euh… Pourquoi pas ? Je peux préparer ce que je veux ?

— Oui, si c'est toi qui t'en occupes, tu es libre de faire ce qui te fait envie.

— Alors d'accord. J'irai faire ma sortie samedi comme ça je serai dispo. »

Je suis très contente. Il me tarde d'être à dimanche.

En quittant la maison ce matin, j'ai croisé les doigts pour que tout se passe bien, et mes inquiétudes ont vite disparu. Je lui fais confiance, il va se débrouiller.

Je rejoins Stéphanie et lui fais part de mon enthousiasme pour la course :

« C'est dans deux semaines, j'ai trop envie d'y être !

— Ça me fait plaisir de te voir si motivée ! En plus tu verras, il y a plein de cadeaux sympas ! Des trucs de fille : l'an dernier il y avait pour chacune un T-shirt et des produits de beauté. Et puis, il y a des super lots qui sont tirés au sort à la fin de la course, on peut gagner des massages, et même un week-end en thalasso ! »

Décidément, j'ai bien fait de m'inscrire !

Nous déroulons notre séance : échauffement, intervalles plus rapides pour augmenter notre allure, récupération, quelques étirements pour finir. Je remercie Stéphanie pour cette séance partagée : elle en a profité pour me parler de sa dernière rencontre, et ça m'a fait du bien de prendre le temps et d'échanger avec elle.

Je sens que mes muscles ont bien travaillé et je me sens bien dans mon corps. Un peu fatiguée certes, mais je commence à apprécier ces sensations nouvelles pour moi qui suivent l'activité physique.

Quand j'arrive à la maison, ça sent bon et la table est dressée. Dans la cuisine auprès de leur père, les enfants me regardent avec un grand sourire en me disant :
« Tout est prêt maman, et on a fait un gâteau au chocolat !
— Je vois ça ! Ça sent trop bon ! »
Ils ont assuré et préparé un très bon repas. Ça me fait chaud au cœur, je les félicite et les remercie, et je sens qu'ils sont contents de

m'avoir fait plaisir. Et je me dis que je pourrais bien y prendre goût…

Grande première

Ça y est, c'est aujourd'hui la course ! Je suis un peu stressée, je n'ai jamais participé à aucun évènement sportif de ce genre. J'ai préparé toutes mes affaires : ma tenue, des épingles pour fixer mon dossard, des vêtements de rechange pour après. Il y a la possibilité de se doucher sur place et comme j'ai bien envie de rester pour le tirage au sort dont Stéphanie m'a parlé, je prévois de passer au vestiaire après l'arrivée. Elle m'a prévenue que ça dure souvent longtemps, parce que d'abord les meilleures sont récompensées, catégorie par catégorie, qu'il y a souvent des discours, des remerciements ; elle m'a assuré que j'aurais le temps de prendre une petite douche avant que le tirage au sort ne débute.

J'ai demandé à Jérôme et aux enfants de venir m'encourager pour cette grande première, et ça me fait chaud au cœur qu'ils aient dit oui. J'ai proposé qu'on aille au restaurant ensuite. Comme ça, pas de logistique à gérer à la maison.

Stéphanie passe me prendre, on doit être sur place bien à l'avance pour retirer les dossards ;

Jérôme et les enfants nous rejoindront pour l'heure du départ.

Alors qu'on arrive sur le parking, de nombreuses sportives sont déjà en train de trottiner. Une fois mon dossard bien en place, Stéphanie me propose aussi qu'on s'échauffe un peu.

Puis le speaker au micro nous invite à nous diriger vers la zone de départ, pour un échauffement en musique. Il remercie les principaux sponsors, en précisant que cette année, un nouveau sponsor s'est associé à l'évènement et remettra à chaque finisher une surprise sur la ligne d'arrivée. À coup sûr il sait y faire, ça me motive pour aller au bout !

Après quelques exercices au rythme de la musique - c'est émouvant de sentir cette foule vibrer ensemble - le départ est donné.

Au bout de quelques minutes - un peu grisée par le départ je suis partie un peu vite - je trouve mon rythme. Tout au long du parcours, des hommes et des familles sont venues encourager les stars du jour. Les applaudissements me stimulent et me portent, tous ces gens sont là pour nous !

Au sortir d'un virage je les aperçois, ils sont là : « Allez maman, allez chérie ! ». À mon passage ils ont donné de la voix et j'en ai presque eu les larmes aux yeux... Je dois rester concentrée, je me recale sur ma respiration.

Aïe... Ça commence à être dur, je suis essoufflée...

Allez... Plus qu'un kilomètre, je veux y arriver, pour moi, pour Stéphanie, pour ma famille !

Ça y est, j'aperçois l'arche d'arrivée : allez, tenir jusqu'au bout, franchir la ligne. Je puise dans mes dernières ressources sur la dernière ligne droite : j'y suis !! J'ai réussi !! Je ne peux retenir quelques larmes de joie et de fierté, je l'ai fait !!

Alors qu'une bénévole me félicite, Stéphanie me rejoint et me lance un : « Bravo dis donc tu t'en es super bien sortie ! » qui me remplit de bonheur.

Quelques mètres plus loin, on remet à chacune un petit sac contenant plein de cadeaux, ainsi qu'une rose magnifique. Je trouve cette attention tellement délicate, je suis vraiment touchée que tout ça soit organisé et prévu rien que pour nous.

Tout à mon émotion d'avoir vécu ce moment, je retrouve après la zone de ravitaillement ma petite famille. Ma fille est tout excitée : « Bravo maman, tu as super bien fini ! » Et dans les yeux de mon mari qui simplement me sourit, je lis de la fierté.

« On se retrouve pour le tirage au sort après ma douche ? »

Dans le vestiaire où je me dirige, je me laisse pénétrer par cette ambiance : jeunes ou moins jeunes, sportives ou moins sportives, habituées ou novices, nous sommes unies par la fierté et le dépassement de soi.

Quand je rejoins Jérôme et les enfants dans la grande salle où se déroule la remise des prix, les podiums sont déjà passés et le tirage au sort va commencer. Le speaker remercie les différents partenaires, le centre de thalassothérapie, l'institut de beauté qui offre les différents soins, l'horticulteur qui a offert les roses aux arrivantes et qui offre plusieurs bons cadeaux.

Les dossards piochés sont appelés au micro pour les différents lots, quand tout à coup j'entends le mien : j'ai gagné un bon offert par l'horticulteur !

Je me dirige un peu gênée vers le podium et le cadeau m'est remis. Je remercie chaudement et de retour à ma place, ouvre l'enveloppe : c'est une invitation à venir cueillir des fleurs chez cet horticulteur pour un somptueux bouquet. Je suis ravie, rien ne pouvait me faire plus plaisir !

Toute à mon exaltation et à la joie d'avoir gagné ce cadeau, le déjeuner en famille au restaurant et la fin de la journée se déroulent au mieux, je suis comme portée. Je comprends mieux, maintenant que je l'ai vécu moi-même, ce dont Jérôme pouvait me parler de ses défis sportifs, cette satisfaction d'avoir donné le meilleur de soi-même.

Qui ? L'œuf ? Ou la poule ?

J'ai rendez-vous demain matin avec ma thérapeute, je lui raconterai ma course !
« Alors Emma, qu'est-ce qui va mieux ?
— J'ai couru ma toute première course hier !
— Félicitations !
— Et vous savez quoi ? J'ai gagné un lot au tirage au sort ! Un bon pour aller cueillir des fleurs chez un horticulteur pour un somptueux bouquet. La chance du débutant sans doute ! En tout cas je suis ravie !
— Oui, qu'est-ce qui vous ravit ?
— Je suis très contente, car malgré un moment difficile vers la fin, où je n'arrivais presque plus à respirer, je ne me suis pas découragée. J'ai tenu bon pour aller au bout et atteindre mon objectif. Et à aucun moment je n'ai eu de pensées négatives sur moi-même qui auraient pu me dire que je n'allais pas y arriver… Je crois que je me suis débarrassée d'une des étiquettes qui m'avaient été attribuées quand j'étais jeune. Je me suis bien débrouillée et ça m'a même procuré de très belles émotions.

— Ça me fait plaisir de vous entendre me dire ça ! Oui, on peut se libérer de certaines étiquettes !

— Quant aux autres, je crois que je n'ai pas forcément envie de m'en défaire : je n'aurais pas envie du jour au lendemain de devenir quelqu'un de pas fiable ou qui ferait des histoires pour un rien, mais j'ai pris conscience de la confusion et des abus qu'elles avaient pu engendrer. Je vais rester vigilante pour que certaines limites soient respectées.

— C'est très bien, je vois que vous avez énormément réfléchi et travaillé depuis la dernière séance.

— C'est vrai, notre échange sur les étiquettes m'a fait prendre conscience de beaucoup de choses et m'a vraiment mise au travail.

D'ailleurs, il y a un point sur lequel j'avais envie de revenir avec vous. L'autre jour je vous parlais de ma mère qui, quand j'étais petite, se plaignait de l'absence de mon père, qui l'obligeait à tout gérer. Pour moi la relation était simple : il n'était pas là donc elle devait tout gérer. Mais je me suis posé cette question : est-ce parce qu'elle gérait tout qu'il n'était pas là ? Je voulais en parler avec vous parce que je me suis rendu compte que malgré moi, ce fonctionnement-là s'est reproduit dans mon couple.

— Votre question est très pertinente. Et vous revenez sur ce qu'on avait évoqué au sujet du linge sale. Parfois on pense que la relation est linéaire, c'est-à-dire qu'une cause produit un effet, ici « mon père n'est pas là » a pour effet que « ma mère gère tout ». Or c'est souvent plus compliqué que ça, et la relation est souvent circulaire : il n'est pas là donc elle gère tout, mais si on devait représenter la relation de cause à effet par une flèche, il pourrait là y avoir une flèche dans chaque sens : peut-être aussi est-ce parce qu'elle gère tout qu'il n'est pas là : soit parce qu'il pense que sa présence n'est pas nécessaire, puisque tout roule, il pourrait se dire alors : « Ils n'ont pas besoin de moi » et vivre sa vie de manière très libre, soit parce qu'il a du mal à trouver sa place puisque tout est géré, il pourrait alors se dire : « Je ne sers à rien » et son absence pourrait être une fuite d'une situation inconfortable pour lui, un évitement. Plus il est absent plus on se débrouille sans lui, et moins il peut trouver sa place ou son utilité. Dans une relation circulaire, chaque extrémité de la flèche influence l'autre extrémité.

— Je vois… Je crois bien que c'est ce qui s'est passé avec Jérôme et son sport. Je ne sais pas si pour lui c'est confortable ou si c'est un moyen de ne pas être là parce qu'il se sent mal à l'aise à la maison. Mais ce que je sais, c'est que quand je lui ai demandé de s'occuper d'un dimanche matin pour aller m'entraîner avec Stéphanie, il s'en est très bien sorti, que les enfants étaient ravis de cuisiner avec leur père et que tous les trois étaient très fiers d'avoir tout préparé pour mon retour.

— C'est très intéressant ce que vous me décrivez là. Il est vraiment important d'avoir conscience de la circularité des relations, car comme cause et effet sont liés dans les deux sens, si je modifie mon comportement à une extrémité, ça bouge forcément à l'autre !

— Je vois, et ça m'éclaire vraiment beaucoup.

En fait, je crois que dans ma famille maternelle, ça fait longtemps que ça fonctionne comme ça, que les femmes s'occupent de tout et que les hommes se réfugient dans leur travail. J'ai d'ailleurs toujours entendu ma mère dire : « C'est aux femmes de s'occuper de la maison, de gérer le quotidien, les hommes on ne peut pas compter sur eux. » Je crois que ça lui a été transmis par sa propre mère, mon grand-père était militaire, et par sa grand-mère avant elle…

— Vous évoquez là quelque chose de passionnant aussi, c'est la transmission, héréditaire pourrait-on dire, ou transgénérationnelle, de certaines croyances ou schémas de fonctionnement.

— Transgénérationnelle ?

— Oui, ce sont souvent des scénarios qui se répètent de génération en génération, sans que nous en ayons conscience la plupart du temps. Tant que nous ne les avons pas mis en évidence, ils nous conditionnent à agir d'une certaine manière. Là encore, mettre en lumière ces schémas qui se reproduisent peut permettre de s'en libérer.

— Alors je voudrais bien m'en libérer !

— C'est ce que j'avais prévu de vous proposer aujourd'hui. De travailler sur votre place dans votre famille, et sur le poids de ces croyances familiales.

— Je veux bien… »

Je voudrais tant trouver ma place

Après m'avoir invitée comme la dernière fois à ressentir ma respiration et le poids des différentes parties de mon corps, quand je me suis sentie confortable, la psy m'a guidée. Elle m'a demandé de visualiser mes parents et ma sœur, de leur rendre à chacun ce qui leur appartenait (un peu comme le jeune homme de l'histoire), et de prendre ma place. En redonnant à chacun la sienne : mes parents leur place de parents, moi ma place de fille, et de grande sœur de Sabine.

Alors que dans ma tête je prononçais ce que la psy me suggérait, et qu'enfin chacun reprenait sa juste place, je sentais dans mon corps des choses se délier : ma respiration s'approfondir, mes épaules s'alléger. Je ressentais dans mon cœur un immense soulagement d'être libérée du poids de toute cette responsabilité que j'avais endossée malgré moi, du fait des circonstances.

Elle m'a proposé alors de visualiser les femmes de ma lignée maternelle, qui chacune sans doute avait été conditionnée par la même croyance, et de les entendre me dire que je pouvais faire autrement.

J'ai trouvé ça étrange et simplement observé ce qui se passait en moi, et c'est comme si quelque chose s'était ouvert de possible autrement.

Je me suis sentie libre, de vivre à ma manière.

Je suis sortie du cabinet très sereine et très légère. Un peu troublée par ce qui venait de se passer. Avec l'intuition que nous étions allées là au cœur de ce qu'il fallait travailler. Enfin, et pour la première fois de ma vie sans doute, j'avais l'impression d'être à la bonne place.

La thérapeute m'a proposé qu'on prenne le temps avant de se revoir. « Ce que nous avons abordé là va changer des choses, m'a-t-elle dit, et il est important de se laisser le temps, d'observer. »

Je lui fais confiance, tellement de choses ont changé depuis que je la vois. Je suis reconnaissante à mon médecin de m'avoir remis sa carte, et fière de moi d'avoir osé faire le premier pas pour prendre rendez-vous. Je me dis que j'ai eu de la chance de la rencontrer.

On se reverra dans un mois, et d'ici là, oui, j'ai bien envie de laisser les choses se faire et d'observer.

C'est un peu déstabilisant à vrai dire. Je me sentirais presque un peu vide. Comme quand on a donné beaucoup d'énergie pour un objectif et que, l'objectif atteint, on se sent un peu désœuvré… Je fais quoi maintenant ?

J'ai l'intuition que, libérée de toutes les préoccupations que j'avais faites miennes, va pouvoir s'ouvrir une période nouvelle, d'écoute de moi, de mes besoins, de mes envies. Pour l'instant ça n'est pas vraiment confortable, mais j'accepte de laisser les choses se produire sans chercher à les précipiter.

Quelques jours ont passé et je m'habitue à cette relative insouciance. J'ai l'impression de vivre plus le moment présent. D'être moins dans la rumination des choses passées et dans l'anticipation des choses à venir. Qu'est-ce que c'est agréable d'être entièrement là…

Mon somptueux bouquet

Aujourd'hui, j'ai décidé de profiter de mon bon cadeau et de me rendre chez l'horticulteur pour cueillir ce bouquet. Il fait beau et un peu frais et j'arrive tôt sur place. Un peu trop tôt sans doute, il n'y a personne. J'en profite pour me promener autour des différentes parcelles, les fleurs sont recouvertes de rosée et là, déambulant entre les allées, je me sens à ma place. Connectée à la terre et à la nature, épanouie, heureuse. Je m'émerveille devant les différentes variétés de roses, certaines douces et pâles, d'autres vives et colorées, certaines discrètes et d'autres au parfum enivrant… Les roses sont mes fleurs préférées…

Au vu de cette superbe collection, j'imagine que cet horticulteur doit lui aussi en être passionné. Un peu plus loin, des pivoines majestueuses, des gerberas, des arums, de vigoureux dahlias, illuminent de couleurs ce matin d'harmonie.

Un homme à l'allure svelte et avenante me surprend dans ce moment de communion avec la nature :

« Bonjour !

— Euh, bonjour… J'étais bien, là, et j'étais partie dans mes pensées, je ne vous ai pas entendu arriver… Je m'appelle Emma, je suis là parce que j'ai gagné un de vos bons cadeaux à la course féminine de l'autre jour !

— Ah oui, enchanté ! Moi c'est Nathan. Vous êtes la troisième personne à venir cueillir votre bouquet !

— J'ai visité votre jardin, il est vraiment magnifique… Et vos rosiers, quelle collection !

— Oui j'avoue que les roses me passionnent et que j'adore créer mes propres variétés !

— Quelle chance de faire ce métier, j'en ai toujours rêvé. Depuis toute jeune les fleurs me vont vibrer… Hélas je me suis laissée éloigner de mon rêve par les arguments des uns et des autres… Aujourd'hui je travaille enfermée dans une galerie marchande où je ne vois pas la lumière du jour, alors que c'est dehors, au grand air que je me sens vivante !

— Je comprends… Moi aussi j'ai longtemps suivi le chemin qu'on avait tracé pour moi.

Jusqu'au jour où j'ai réalisé que je n'étais pas heureux, qu'être devant un ordinateur toute la journée ne me convenait pas du tout ! J'ai négocié mon départ de l'entreprise où je travaillais et j'ai racheté cette exploitation. Aujourd'hui c'est sûr que je gagne moins d'argent, mais ça n'a pas de prix de faire ce qu'on aime.

Alors que j'écoutais Nathan me raconter son histoire, et que mes yeux s'emplissaient de larmes, une certitude éclosait en moi : moi aussi je voulais me réaliser et faire ce que j'aimais.

J'étais silencieuse depuis quelques instants, attentive à ce qui se passait en moi, quand Nathan interrompit mon dialogue intérieur :

— Je vous sens très émue, et ce que je vois de vous me rappelle quelqu'un… Puis-je me permettre de vous proposer quelque chose ?

— Oui bien sûr !

— La salariée qui travaille avec moi va partir en septembre. Son ami est dans l'enseignement et il vient d'obtenir un poste dans le Nord. Je n'ai pas encore passé d'annonce pour la remplacer.

J'aime à penser que la vie ne met pas les gens sur mon chemin par hasard, et j'aime faire confiance à mon instinct… Emma est-ce que ça vous dirait de travailler avec moi ?

— De travailler avec vous ?

J'ai le souffle coupé par une bouffée d'excitation et d'incrédulité, et alors que d'un seul élan mon corps voudrait dire oui, ma tête s'en mêle : « Mais tu n'y connais rien, tu n'as aucune formation, et qu'est-ce qu'ils vont penser ? »

Mais… M'entends-je dire, je n'ai pas de formation dans ce domaine…

— Vous savez Emma, ce n'est pas ça le plus important. Ce qui compte pour moi, c'est l'envie, l'engagement, l'investissement dans le travail, l'amour de ce qu'on fait.

— Pour ça vous pouvez compter sur moi !

— Alors qu'en dites-vous ?

La bienveillance de Nathan, et le fait qu'il vienne de mentionner ces valeurs que je partage, mettent à terre mes résistances. De toute façon, je sais bien au fond de moi que je ne retournerai pas au magasin, que si je l'ai toléré longtemps, je ne veux plus vivre enfermée. Je laisse alors mon corps et mon cœur répondre :

— Nathan, rien ne me ferait plus plaisir… »

Sans tenter de retenir mes larmes, je laisse le regard de Nathan lire dans le mien. Il sait.

C'est possible, que ça tombe du ciel comme ça ?

Je suis un peu abasourdie : se peut-il que les choses tombent du ciel comme ça ?

Quelle probabilité y avait-il pour que je participe à cette course moi qui n'avais jamais couru, que je gagne ce bon cadeau, que sa salariée déménage, qu'il voie en moi ce qu'il a vu ? Même si j'ai du mal à y croire, je prends le parti d'accueillir ce qui vient sans me poser trop de questions.

La stupéfaction laisse peu à peu place à une sorte d'assurance intérieure, une certitude presque, d'avoir fait le bon choix. Sortir d'une route tracée par d'autres pour suivre mon propre chemin, celui qui mène à l'endroit où j'ai envie d'être.

Jérôme l'a certainement senti quand je lui en ai parlé, que ma décision était prise et qu'elle était solide. Il m'a dit d'accord, l'important c'est que tu sois bien. A respecté mon choix sans émettre de doutes ou de critiques. Ça m'a étonnée et je m'en réjouis, je suis soulagée qu'il me soutienne.

J'ai appelé Stéphanie pour lui raconter ce qui venait de m'arriver :
« Tu ne devineras jamais ce qui m'est arrivé ! »
Et alors que je lui racontais toute l'histoire et que je l'entendais me dire : « Mais oui, vas-y, bien sûr qu'il est hors de question que tu reviennes au magasin ! », je ne pouvais m'empêcher de penser que tout ça était parti d'elle, que si elle ne m'avait pas parlé de cette course, rien de tout cela n'aurait pu se produire.
« Merci Stéphanie, tout ça c'est grâce à toi. Tu n'imagines pas à quel point je te suis reconnaissante. »
J'ai remarqué que, même si elle s'en défendait, ça la touchait que je lui exprime ma gratitude.

Juillet

Un mois a passé déjà depuis cette dernière séance où tout est devenu différent, et c'est aujourd'hui mon rendez-vous avec la thérapeute.
« Alors Emma, qu'est-ce qui va mieux ?
— J'ai l'impression que tant de choses ont changé…
— Oui, par où voulez-vous commencer ?
— Vous vous souvenez ? De ce bon pour un bouquet chez un horticulteur que j'avais gagné ?
— Oui, je m'en souviens !
— Eh bien, il m'a proposé du travail. Il s'appelle Nathan, et je crois qu'on a beaucoup de choses en commun, à commencer par notre amour des fleurs et nos valeurs. Je commence en septembre
— Vraiment ?
— Oui. J'ai donné ma démission à Elsa. Vous n'imaginez pas à quel point ça m'a soulagée. De donner ma démission, et de reprendre ma liberté. J'ai l'impression de revivre.
— Ça se voit Emma, ça se lit dans vos yeux et ça fait plaisir à voir !

Qu'avez-vous remarqué d'autre ?

— Je vous avoue que ces démarches pour mon avenir m'ont bien occupée, je ne sais pas trop ce que j'ai remarqué d'autre…

Ah si ! Je continue à courir très régulièrement et Jérôme m'a proposé qu'on participe à un dix kilomètres tous les deux après l'été. Il nous a même acheté des T-shirts assortis pour qu'on soit beaux sur les photos ! Je suis ravie d'avoir ce nouvel objectif avec lui, jamais je n'aurais imaginé ça !

— Oui, que pourriez-vous dire de votre relation de couple ?

— J'ai l'impression qu'il me considère plus d'égale à égal. Les choses sont mieux équilibrées entre nous, et je crois que ça nous va bien à tous les deux. Et puis, c'est chouette de partager la même passion, on va parfois courir ensemble et ça nous a rapprochés.

— Oui, je vous sens apaisée par rapport à votre mari et il me semble que vous avez retrouvé de la complicité !

— C'est vrai ! Ça fait du bien de s'être retrouvés !

— Vis-à-vis de votre famille, qu'avez-vous observé ?

— Ah oui ! Maintenant que vous posez la question, c'est vrai qu'il s'est passé beaucoup de choses !

Par rapport à mes parents, ça avait déjà un peu bougé depuis qu'on avait parlé de ces missions de confidente et de messagère qui m'étaient confiées, et je dirais que ça se consolide. Je ne m'engage plus dans des histoires qui ne me concernent pas et je me porte très bien comme ça !

— Oui, et qu'avez-vous remarqué suite à ce repositionnement ?

— J'ai l'impression que mes parents ne se débrouillent pas si mal que ça avec leurs problèmes, qu'ils s'en sortent plutôt bien !

— Et avec votre sœur ?

— C'est avec ma sœur que j'ai été très surprise…

— Vous me racontez ?

— Eh bien, depuis que je ne relaye plus les reproches de ma mère, c'est beaucoup mieux !

Et puis, nous avons eu une grande discussion toutes les deux. Je lui ai expliqué tout ce que j'avais compris et réalisé en travaillant avec vous. Que certainement j'avais pris auprès d'elle une place qui n'était pas la bonne et que désormais je voulais devenir sa grande sœur. Que j'avais besoin de pouvoir compter sur elle, qu'il était très important pour moi qu'elle tienne ses engagements, que je souhaitais voir notre relation basée sur la confiance, l'honnêteté, le respect.

— Très bien, et comment a-t-elle réagi ?

— C'est ça qui m'a beaucoup surprise, elle s'est mise à pleurer en me disant : « Ça fait tellement longtemps que j'espérais ça. Je n'en pouvais plus que tu te comportes comme si t'étais ma mère, et plus tu me disais ce que j'avais à faire moins je le faisais, c'était plus fort que moi. Je ne rêve que de ça, de te montrer que tu peux compter sur moi. »

Je l'ai sentie vraiment soulagée, libérée elle aussi sans doute d'un poids que je mettais sur ses épaules. Et j'ai envie de dire que nous apprenons à devenir sœurs.

Je me sens apaisée, comme si chaque chose avait repris sa place.

— Je suis ravie Emma, d'entendre tout ce qui a évolué dans votre vie. Vous avez été courageuse et je sais que ça a parfois été difficile, vous pouvez être fière du chemin parcouru.

— Je crois bien que je le suis ! Et je vous suis très reconnaissante aussi de m'avoir accompagnée tout au long de ce travail sur moi, de m'avoir guidée vers la voie de la liberté et de la vie.

Je n'avais pas conscience de combien nos modes de fonctionnement, nos croyances, notre histoire pouvaient nous emprisonner.

Je sens qu'aujourd'hui une vie différente est possible et s'offre à moi.

Merci. De tout cœur. Merci. »

Je sors du cabinet et ne peux retenir mes larmes. Je lui dois tellement. Nous n'avons pas prévu de nous revoir. À la fois je me dis que ça veut dire qu'elle me fait confiance pour voler de mes propres ailes et en même temps ça fait comme un grand vide en moi. Comme quand on se sépare de quelqu'un qui a parcouru un bout de chemin avec nous.

Mes émotions se mêlent : beaucoup de gratitude, et de la tristesse. J'accueille ces émotions et rapidement la tristesse s'apaise. Elle m'a conduite vers l'autonomie, vers la liberté et c'est ça aider l'autre à grandir. Je pense à ce moment où mes enfants ont appris à faire du vélo sans roulettes : j'ai été là à leurs côtés, parant de mes bras d'éventuelles chutes, jusqu'au moment où j'ai osé dire : « Vas-y, tu peux y arriver seul, j'ai confiance en toi ! »

Septembre

L'été a passé vite, à imaginer ma nouvelle vie et notre nouvelle organisation à la maison.

J'ai appris, travaillé sans relâche. Avec passion je me suis documentée sur les différentes variétés de fleurs, les différents modes de culture. J'ai souvent été en contact avec Nathan que ça fait rire de me voir si investie alors que je n'ai pas encore commencé.

Ça fait huit mois. Comme la voisine de mon père tiens, aujourd'hui j'arrive à en sourire. Huit mois où je me suis découverte, où j'ai pris goût à être avec moi-même et appris à aimer qui je suis.

On dit que c'est ce qu'on a vécu qui nous permet d'être qui on est, aujourd'hui je peux le dire, je suis fière d'avoir vécu ce que j'ai vécu et d'être devenue qui je suis.

Huit mois, presque le temps d'une grossesse, le temps qu'il m'a fallu pour naître.

Épilogue

Printemps de l'année suivante, en arrivant à son cabinet, une thérapeute ouvre sa boîte aux lettres et y découvre une petite enveloppe. À l'intérieur, une carte manuscrite :

> *Nathan et moi vous invitons à venir cueillir des fleurs pour un somptueux bouquet !*
>
> *Mille mercis*
>
> *Emma*

Table des matières

Mais… Qu'est-ce qui m'arrive ? 7

Je crois que j'ai besoin d'aide 15

Tout m'énerve..19

Ah, c'est pour ça que je suis en colère !... 23

J'ai l'impression d'avoir tout essayé…......................................29

Et s'il fallait s'y prendre autrement ?..35

J'en ai marre de passer pour la méchante 43

Mais… Pourquoi il m'a dit ça ?...47

J'en ai marre de passer pour la méchante (suite) 51

Tu me reproches quoi exactement ?...63

Je me sens tellement incomprise parfois… 69

Je vois bien que ça ne va pas 79

Mais laissez-moi tranquille !..89

Mais pourquoi est-ce que je n'arrive pas à leur dire ? 95

Là, tu dépasses les bornes !...105

Arrêtez de me dire ce qui est bon pour moi !..........................111

Pourquoi j'ai l'impression de jamais être moi-même ? 121

Il faut que je leur dise… 131

Aujourd'hui, je suis fière de ça 145

Quoi que je fasse, ça ne va jamais… 159

Je ne veux plus de ces étiquettes qui me collent à la peau 175

Je ne veux plus tout porter pour tout le monde......................... 187

Grande première 203

Qui ? L'œuf ? Ou la poule ?.. 209

Je voudrais tant trouver ma place 215

Mon somptueux bouquet 219

C'est possible, que ça tombe du ciel comme ça ? 223

Juillet.. 225

Septembre.. 231

Épilogue 233